Ilan Brenman

através da vidraça da Escola

formando novos leitores

aletria

3ª edição
Belo Horizonte - 2018

A linguagem

na ponta da língua,

tão fácil de falar

e de entender

A linguagem

na superfície estrelada de letras,

sabe lá o que ela quer dizer?

(...)

O português são dois; o outro, mistério.

Carlos Drummond de Andrade[1]

[1] "Aula de português" *in: Esquecer para lembrar*. Rio de Janeiro, Ed. José Olympio, 1979

Texto © Copyright 2012, Ilan Brenman
Este livro não pode ser reproduzido, no todo ou em parte,
sem prévia autorização da Aletria.

Editora responsável: Rosana de Mont'Alverne Neto
Coordenação editorial: Juliana Mont'Alverne Flores
Projeto gráfico: Romero Ronconi
Revisão: Mário Andrade

B837   Brenman, Ilan
          Através da vidraça da escola : formando novos leitores / Ilan Brenman
2. ed. – Belo Horizonte: Aletria, 2012.

          192 p.

          ISBN 978-85-61167-53-0

          1. Arte de contar histórias. 2. Crianças – Livros e leitura.
          3. Interesses na leitura. I. Título

                                              CDD: 808

Ficha catalográfica elaborada por Denise Mª Ribeiro Moreira – CRB/6 nº 1473

Praça Comendador Negrão de Lima, 81 D – Floresta
CEP 31015 310 – Belo Horizonte – MG | Brasil
Tel: +55 31 3296-7903
www.aletria.com.br

Agradecimentos

O livro que você tem em mãos é fruto da minha dissertação de mestrado na Faculdade de Educação da USP.

Queria agradecer a ajuda inestimável de pessoas que contribuíram para a realização da minha escrita. Ao Prof. Dr. Claudemir Belintane, pela excelente orientação e companheirismo durante todo o trabalho. Aos Prof.(s) Dr.(s) Hercília Tavares de Miranda e Élie Bajard, pelas disciplinas que ministraram, que em muito enriqueceram o meu texto. À equipe da "Cor da Letra", que me proporcionou, durante muitos anos, experiências teóricas e práticas na área da formação do leitor. À minha família e, especialmente, à Tali, Lis e Iris, que são fontes de inspiração e de paixão.

9   **Introdução**

11   **Prefácio**

Capítulo 1
Percurso histórico da leitura no ocidente

15 —— Oralidade
17 —— O mito, o relato, o contar histórias
27 —— A escrita e a narrativa
31 —— Oralidade *versus* cultura escrita
35 —— A questão homérica
40 —— As repercussões da criação do alfabeto grego
47 —— A leitura em voz alta
52 —— Leitura em voz alta: questões terminológicas
56 —— Leitura silenciosa

Capítulo 2
Faces da leitura

63 —— Ler: técnica, prática social e *performance*
67 —— Ler: método, escola e fruição
79 —— Leitura: desejo

Capítulo 3
A literatura, sua presença, sua necessidade?

83 —— O fenômeno literário: diferentes olhares
90 —— Literatura e a função humanizadora
94 —— Formar leitores *versus* mitificação da leitura

Capítulo 4
Ler em voz alta ou contar histórias?
105 O Flautista de Hamelin
109 O cotidiano do contador/leitor de histórias
115 Vozes e palavras
119 Da voz à solidão: oficina de ideias

Capítulo 5
Ora – direis – ouvir os livros!
123 Gratuidade, diversidade e bem-estar
127 O destino em nossos olhos
130 Lendo em voz alta na educação
134 Praticando o ato de escutar

Capítulo 6
Literatura infantil: vozes de ontem, hoje e amanhã
139 Um educador no caminho do leitor
141 Infância e literatura infantil: raízes
146 *Performance* oral e a literatura infantil
151 As idades do leitor
155 Literatura infantil: gênero menor?
160 Literatura infantil: pensando em acervos

Considerações finais:
O rabo da arraia e Eros uma vez...
171 O rabo da arraia
173 Eros uma vez...

177 **Referências bibliográficas**

Introdução

Prof. Dr. Claudemir Belintane
Professor de Metodologia de Ensino de Língua Portuguesa da FEUSP

através da vidraça da
Escola

Era uma vez um contador de histórias, pequeno, magrinho, mas ágil com as mãos e cheio de ginga no corpo... manhoso na contação e na leitura! Alguns de seus conhecidos diziam que ele havia fugido das páginas de Tolkien, outros juravam que o viram com Sherazade, há alguns milênios, no oriente. Havia também apostas de que ele viajava e ainda viaja por este Brasil montado num rodamoinho colorido, fazendo sua arte junto com o próprio Pererê.

Então, deu-se o caso de se buscar a própria história...

Se há histórias boas, há histórias ruins! No ensino, por exemplo, a oralidade e a escrita figuram, quase sempre, como duas senhoras rabugentas que mal se olham. A primeira, raquítica, subdesenvolvida, pouco consciente de sua gloriosa tradição. A segunda, muitas vezes, condenada à solidão em razão da empáfia que seu ego inchado sempre sustentou, sobretudo diante de alunos, sobretudo diante das crianças pobres.

A missão de nosso contador de histórias foi bem a de reconciliar as duas velhas senhoras, de rejuvenescê-las e de trazer – junto com a gente – essa boa nova: quando as duas se juntam, o mundo vira do avesso, a criança se transforma em mestre, o professor fica quieto para escutar, os personagens, autores e contadores formam uma trupe encantada e invadem a sala de aula, o pátio, a biblioteca e até a praça pública.

"Através da vidraça" é por onde Ilan entra na escola e faz-nos conhecer um pouco mais sobre ela. Revisita antigas salas de aula, traz suas experiências recentes e vai cosendo uma narrativa cujo epílogo nos mostra a importância de contar e de ler em voz alta para os nossos alunos.

O que foi história vivida, o que foi labor e suor na pesquisa de um belo mestrado, agora está à disposição de educadores, pesquisadores, pais e curiosos em geral. Um belo livro, veredas de histórias, de teorias e de construções que levam sempre ao grande caminho do ensino.

Prefácio

Ilan Brenman

através da vidraça da
Escola

Era uma voz que sempre dizia: – Era uma vez...

A voz do contador de histórias ressoa, para sempre, na alma dos que viveram os contos ouvidos, contos nos quais moram bruxas, princesas, feiticeiros, soldados, heróis, monstros e outros seres fantásticos.

No recôndito da memória, modulações, timbres, gestos e expressões corporais evocam alguém contando, em algum momento e em algum lugar. A voz e as palavras do contador, articulando-se em emoções e enredos, passam pelo seu corpo e ressoam nos seus ouvintes, estabelecendo ligações invisíveis.

O caminho da formação de um leitor passa, certamente, pelos momentos de ouvir histórias. Momentos em que a oralidade assume toda a sua importância, mesmo nas sociedades contemporâneas, de forte cunho escrito e de escassas oportunidades de narração.

Falar sobre a importância de se contar histórias é falar sobre um tema bastante discutido entre profissionais ligados à educação e à saúde, mas que vale a pena ser retomado. Mas, e ler histórias em voz alta para crianças e jovens? Seria apropriada essa prática? Crianças já alfabetizadas não deveriam ler sozinhas, desvinculando-se da imagem do leitor adulto?

Tais assuntos, ligados às histórias, narração e linguagem, levaram-me a espiar "através da vidraça da escola". Espiar a partir de duas posições: estando fora da sala de aula e observando-a, também, a partir de seu interior. Espiar, intervindo! Intervindo com a contação de histórias e com a leitura em voz alta de bons textos literários para crianças, jovens e professores, em diferentes propostas de atuação.

Tal intervenção enriqueceu uma prática de contador de histórias iniciada durante meu curso de graduação em Psicologia, na Pontifícia Universidade Católica de São Paulo. Interessado em Psicanálise, na importância e significado da palavra do outro, constatei que o contador de histórias é um receptáculo de palavras de outros, que são, em alguma medida, as suas próprias palavras, desejos, sonhos e frustrações.

A profissionalização como contador de histórias foi acontecendo e me levando à descoberta de uma fonte "borbulhante" de incontáveis narrativas: a literatura infantil e juvenil. A oralidade, a língua-viva, encontrava-se e defrontava-se com a escrita-memória, escrita-marca, escrita-literatura.

A participação em um projeto chamado Biblioteca Viva, da Fundação Abrinq pelos direitos da criança, trouxe a junção da voz e do livro, iniciando-me no ofício de "leitor profissional" de literatura. O objetivo do projeto era formar educadores para serem mediadores de leitura.

Minha experiência ampliou-se com a participação em um novo projeto chamado Biblioteca Viva em Hospitais, em que, como técnico, fazia formações e supervisões de funcionários de hospitais, que estavam cedendo parte de seu tempo para ler em voz alta histórias às crianças e jovens que por lá passavam ou estavam internadas.

Lendo histórias às crianças e jovens, em espaços como quimioterapias, ambulatórios, U.T.I.(s), entre outros locais, reafirmei, para mim mesmo, a importância das narrativas e a necessidade de sua comunicação aos outros. Fazer parte desse projeto foi uma das experiências mais enriquecedoras da minha vida.

A junção de minhas experiências profissionais, teóricas e emotivas, constituiu o pano de fundo de uma dissertação de mestrado. Durante o processo de encantamento, silêncio, reflexão e escrita apossei-me de algo essencial: o meu interesse por histórias acha-se profundamente arraigado à minha história pessoal, à miscelânea de línguas, culturas e narrativas de que sou produto (meus pais são argentinos, meus avós são russos e poloneses, nasci em Israel e moro no Brasil desde 1979). Vozes de diferentes povos em minha história levaram-me ao desejo de acionar a voz diante de um sentimento de pertença a uma herança comum a todas as comunidades: as narrativas populares.

Contando e lendo histórias, percorri dezenas de escolas e espaços educativos; começaram a surgir dúvidas e perguntas. O discurso da escola está em sintonia com a sua prática? Através de sua vidraça, na sala de aula, as crianças veem a vida lá fora? De que lado da vidraça pulsa a vida? Dentro ou fora da escola?

Este livro, resultado da dissertação de mestrado apresentada à Faculdade de Educação da Universidade de São Paulo, em 2003, procura unir teoria e prática, refletindo sobre a literatura infantil e a formação de leitores.

Com este trabalho, espero contribuir para um entrelaçamento da prática oral de leitura com a cultura escrita, ou seja, o aproveitamento da voz para a prática da leitura coletiva de literatura, como instrumento de aproximação prazerosa e consistente entre os alunos e as palavras impressas nos livros.

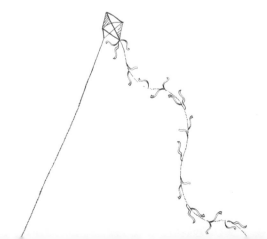

Percurso histórico da leitura no ocidente

> Todas as Histórias vêm do grande mar de histórias... a fantástica aventura da busca das palavras enfrentando as forças tenebrosas da escuridão e do silêncio...
>
> Salman Rushdie[2]

[2] RUSHDIE, 1998

através da vidraça da
Escola

Oralidade

A humanidade constituiu seu universo simbólico e imaginário ao longo de seu processo civilizatório, fundamentalmente, a partir da imersão de seus membros numa sociedade oral. Esse substrato oral é de extrema importância para podermos pensar na formação de leitores. Como diz Pennac (1995, p.75), "O culto do livro passa pela tradição oral."

A escrita só vai aparecer, como mais uma fabricação cultural do homem, depois de milênios de uso exclusivo da palavra falada.

> Na realidade, a linguagem é tão esmagadoramente oral, que, de todas as milhares de línguas – talvez dezenas de milhares – faladas no curso da história humana, somente cerca de 106 estiveram submetidas à escrita num grau suficiente para produzir literatura – e a maioria jamais foi escrita. Das cerca de 3 mil línguas faladas hoje existentes, apenas aproximadamente 78 têm literatura. (ONG, 1998, p.15)

A prática da língua oral permeou toda a história da leitura. Mesmo na leitura silenciosa ela se faz presente, tanto para decodificar o texto como para transformar sua letra em som dentro da mente. A oralidade pode existir sem a escrita, mas a escrita não pode existir sem a oralidade[3].

A oralidade, diferentemente da escrita, não produz resquícios fósseis a serem analisados; portanto, sua pesquisa, por muito tempo, ficou desprestigiada. Tendo o Ocidente forjado suas práticas sociais e domínios políticos por meio da escrita, o estudo da ora-

....

[3] Há quem afirme que a notação matemática é uma prática que prescinde do oral, porém, há controvérsias nesse campo.

lidade acabava sempre relacionado à ideia de que as comunidades orais pertenciam a um grupo de seres humanos mais primitivos, selvagens e atrasados. Mas foi essa "primitiva" comunicação oral que manteve, por milênios, a estruturação de sociedades complexas, nas quais se fixavam normas de comportamento, fabricavam-se ferramentas, criavam-se belas narrativas míticas.

O conhecimento, na cultura oral, uma vez assimilado, tem que ser incessantemente repetido ou se perde; portanto, padrões fixos de pensamento (formulares) são essenciais para essas comunidades, como bem vê Ong (1998, p.17):

> [...] aprendem pela prática [...], aprendem ouvindo, repetindo o que ouvem, dominando profundamente provérbios e modos de combiná-los e recombiná-los, assimilando outros materiais formulares, participando de um tipo de retrospecção coletiva – não pelo estudo no sentido restrito.

Todo esse processo mental desencadeou uma percepção da linguagem como algo vivo, solto, dinâmico, dotado de grande poder. Diferentemente das culturas tipográficas que "prendem" a palavra em uma superfície plana e concreta (dissociadas, portanto, de um poder mágico), as culturas orais atribuíram à palavra potencialidades transformadoras.

> Os contadores de histórias, os cantadores de histórias só podem contar enquanto a neve cai. A tradição manda que seja assim. Os índios do norte da América têm muito cuidado com essa questão dos contos. Dizem que quando os contos soam, as plantas não se preocupam em crescer e os pássaros esquecem a comida de seus filhotes. (GALEANO, 1994, p. 9)

através da vidraça da
Escola

As sociedades orais têm na memória seu principal recurso de sobrevivência: aprender ouvindo dos mais velhos, aprender fazendo e contando para os mais novos.

O mito, o relato, o contar histórias

> *Como dizem os aborígines australianos, as histórias pertencem ao mundo dos sonhos (...) Acrescentam que o nosso mundo foi inteiramente sonhado antes de ter existido. Portanto, contar uma história é resgatar o próprio destino: descobrir a que sonho pertencemos e encontrar caminhos para a própria vida.*
>
> Heloisa Prieto[4]

Não podemos pensar em uma cultura escrita e o seu produto de mais alto valor – a literatura – sem percorrer os caminhos que a originaram. O nosso escritor, erudito ou não, é herdeiro milenar do narrador oral. Wellek e Warren (1971, p.238) afirmam que "[...] o significado e a função da literatura estão centralmente presentes na metáfora do mito."

As narrativas surgiram para explicar o inexplicável, para responder a certas perguntas: O que é a vida? O que é a morte? De onde viemos? O que é o universo? O que é o tempo? Perguntas estas inseridas tanto no seio das comunidades ditas civilizadas, quanto nos grupos ditos primitivos; ambos "[...] são movidos por uma necessi-

[4] PRIETO, 1999

dade ou um desejo de compreender o mundo que os envolve, a sua natureza e a sociedade em que vivem." (LÉVI-STRAUSS, 1989, p.30)

Esta vital necessidade de ordenar o mundo, de dar-lhe sentido e significado, será a fonte primeira das criações artísticas e dos relatos míticos.

> O homem primitivo procura, através do mito, dar conta do mundo dos fenômenos atribuindo a este um fundamento divino. Em todas as caprichosas invenções da mitologia, há um espírito fantasista que joga no extremo limite entre a brincadeira e a seriedade. (HUIZINGA, 2000, p.7)

A ciência moderna utiliza, entre outros instrumentos de classificação e de sistematização, a descrição analítica para compreender os fenômenos que formam e cercam o ser humano. Já o pensamento "primitivo oral" também classifica e sistematiza, porém a base analítica, que decompõe e reduz os elementos observados, é substituída por um pensamento sintético, ou seja, igualando os diferentes, aglutinando fenômenos. Como por exemplo, a não delimitação entre o humano e a natureza. Segundo Cassirer (1994, p.136), a vida para os povos "primitivos" é sentida...

> [...] como um todo contínuo e ininterrupto que não admite distinções nítidas e claras. Os limites entre as diferentes esferas não são barreiras insuperáveis; são fluentes e flutuantes. Não há qualquer diferença específica entre vários domínios da vida. Nada tem forma definida, invariável e estática. Por uma súbita metamorfose, tudo pode ser transformado em tudo.

através da vidraça da
Escola

As sociedades "primitivas orais" não se colocam no topo de uma cadeia civilizatória, elas se misturam à natureza. Desde a criação até a morte, o ciclo não é interrompido. O presente, o passado e o futuro encontram-se misturados, sem limites claros. A morte não é vista como algo natural e sim como um acidente de percurso causado por manifestações mágicas da natureza: "Em virtude dessa convicção da unidade e continuidade ininterruptas da vida, o mito deve superar esse fenômeno. A religião primitiva é talvez a mais forte e mais enérgica afirmação da vida que encontramos na cultura humana. (CASSIRER, 1994, p.138)

Os possíveis primeiros relatos humanos, vocalizados por indivíduos vivendo naquelas sociedades, continham elementos importantes que, ainda hoje, podem ser evidenciados nos contos populares e na literatura. Um exemplo de tais elementos é a concepção dessa "sociedade da vida" de que a morte é um acidente e que o homem sempre renasce através de uma intervenção divina. Esses elementos, ainda hoje, são encontrados com abundância na literatura infantil, na qual personagens que morrem renascem através da intervenção de seres sobrenaturais.

O mito, relato da experiência do homem com o mundo visível e invisível, constrói-se como uma narrativa verossímil, já que é a única explicação que organiza o caos da vida e do mundo. E esse relato é fortemente enraizado na concretude das observações e nos sentimentos daqueles que o criaram.

Nesse contexto das experiências míticas, podemos imaginar que os primeiros narradores orais possuíam muito prestígio e poder, já que eram eles que carregavam o sentido da vida e das coisas. Depois de séculos contando e ouvindo histórias, os homens provavelmente perceberam que, com os relatos, tornaram-se os guardiães dessa memória do aprendido e passaram a desempenhar uma função de "conselheiros" da comunidade.

As histórias míticas davam exemplos, sedimentavam experiências, transmitiam conhecimentos. Os valores morais podiam ser medidos através das narrativas que inseriam o sujeito numa rede de relações, não só com a sua comunidade, mas com o universo como um todo.

A força do narrador oral possivelmente residia na capacidade de ordenar o mundo através das histórias. Sua voz, seu gesto, sua expressão intensificavam o momento vivido. Os contadores tinham que prender a atenção de seu público, levá-los para caminhos conhecidos e desconhecidos. A atuação, a *performance* do contador era de tamanha intensidade que, como já disse, o arrebatamento se produzia com frequência. As narrativas continham uma essência de verdade, refletiam a imagem humana com tanta exatidão, inclusive em suas imperfeições, que até ouvintes estrangeiros entenderiam seu significado. O escritor Elias Canneti viveu isso, em Marrakesh, ao ouvir um contador de histórias se expressar numa língua completamente diferente da sua:

> Eram palavras que não tinham sentido para mim, marteladas com fogo e impacto: para o homem que falava eram preciosas, ele tinha orgulho delas. Ele as arranjava em um ritmo que me tocava como sendo altamente pessoal. Se ele fazia uma pausa, o que se seguia vinha com mais carga e exaltação. Eu percebia a solenidade de certas palavras, a intenção sub-reptícia de outras. Elogios e adulações me afetavam como se estivessem dirigidos a mim; em situações de perigo eu tinha medo. Tudo estava sob controle; as palavras mais poderosas voavam a distância precisa, tão longe quanto desejava o contador de histórias. (CANNETI apud GOMES, 2000, p.22)

através da vidraça da
Escola

Não só os homens comuns ouviam narrativas. No decorrer da história, também os soberanos tinham à sua disposição seus narradores, como, por exemplo, Alexandre Magno, que tinha uma "equipe" de *confabulatores nocturni*, que eram homens especializados em contar histórias à noite.

A noite sempre fez parte do mundo do conto oral; é nela que se estabelece o vínculo com o sonho. Contar histórias, à noite, é uma prática tão disseminada que prevalece até os dias de hoje, nos quais pais, intuitivamente, encantam seus filhos na hora de dormir com belas e assombrosas narrativas. Esse contar tem a função de permitir que o ouvinte possa começar a sonhar acordado e, aos poucos, principalmente as crianças, ir adentrando, sem solavancos, no mundo inconsciente dos sonhos.

> No Haiti, não se pode contar histórias de dia. Quem conta de dia merece desgraça: a montanha jogará uma pedra em sua cabeça, sua mãe só conseguirá andar de quatro. Os contos são contados de noite, porque na noite vive o sagrado, e quem sabe contar conta sabendo que o nome é a coisa que o nome chama. (GALEANO, 1994, p.21)

Mas não é só no distante Haiti que o contador de histórias tem de tomar cuidado com o horário de sua performance. Aqui, no Brasil, mais especificamente na cidade de Diamantina, Minas Gerais, os contadores de histórias também se mostram precavidos:

> Mas, nada como as histórias de havia um dia, que a bisavó contava.
> – Conta uma história, vovó.
> – Agora não, menino. História de dia cria rabo. (FILHO *apud* SOUZA, 1996, p.41)

O mundo árabe acabou se tornando uma grande referência quando falamos de narradores orais, talvez porque *As Mil e uma Noites*, que veio provavelmente da Índia antes de chegar ao Oriente, nos relate com tanta intensidade a vida mítica de umas das maiores narradoras orais de todos os tempos, Sherazade.

A força dessa narrativa milenar atravessou séculos e influenciou muitos escritores. "As mil e uma noites não são uma coisa morta. Trata-se de um livro tão vasto que nem é preciso lê-lo. Ele é parte prévia da nossa memória." (BORGES, 1980, p.69) Desde *Os Três Mosqueteiros*, romance de Dumas, publicado capítulo a capítulo em folhetim, até os dias atuais, em que milhões de pessoas param na frente da televisão para acompanhar, depois de meses, o desfecho das novelas, continuamos nos deparando, novamente, com o modelo da grande narradora, Sherazade. A cada noite ela prendia o seu ouvinte até o ponto em que a narrativa era interrompida, para tristeza do rei que, no dia seguinte, exigia "os próximos capítulos."

No mundo árabe, os primeiros narradores eram homens que executavam a sua arte profissionalmente. Mas, com o passar do tempo, esses guardiães da "palavra-emoção", da "palavra-memória"[5] , foram migrando para amadores e línguas femininas que, antes, eram proibidas de contar histórias.

> Paul Sébillot mostra que a mulher é melhor contadeira de histórias que o homem. Guarda em maior quantidade porque lhe cumpre o agasalho dos filhos e a tarefa de adormecê-los, entretendo-os com o maravilhoso. Os irmãos Grimm fizeram sua coleção admirável ouvindo as velhas [...] Tive mulheres e homens como narradores excelentes. (CASCUDO, 1997, p.12)

[5] GOMES, 2000, p.23

através da vidraça da
Escola

As narrativas e seus contadores e contadoras fizeram parte da vida de milhões de pessoas pelo mundo afora; porém, para alguns estudiosos do século XX, a posição do contador de histórias se viu ameaçada:

> Torna-se cada vez mais raro o encontro com pessoas que sabem narrar alguma coisa direito. É cada vez mais frequente espalhar-se em volta o embaraço quando se anuncia o desejo de ouvir histórias, como se uma faculdade, que nos parecia inalienável, a mais garantida entre as coisas seguras, nos fosse retirada. Ou seja: a de trocar experiências. (BENJAMIN, 1996, p.57)

Percebe-se, claramente, que vivemos num mundo no qual a fragmentação dá o tom do cotidiano. O homem vai para frente sem olhar para trás, vai para frente sem olhar para os lados, vai para frente em busca de algo que nem ele mesmo sabe o que é. O importante é ir para frente, rápido, sem reflexões, movido por uma ilusão de plenitude regada a bens de consumo e mídias medíocres.

Porém, a arte de narrar propõe uma parada ao ocupado homem contemporâneo, propõe que ele respire um pouco, que olhe para trás e veja como os antigos homens corriam. Os antigos corriam mais juntos, contemplavam mais as paisagens à sua volta, criavam novos percursos e, principalmente, olhavam para os antigos corredores e escutavam histórias sobre aqueles que já haviam morrido. O relato das antigas corridas provocava uma comunhão entre os novos; ouvir as façanhas dos velhos tempos era como vivê-las no presente.

A arte de narrar e ouvir histórias, no contexto contemporâneo, significa uma oportunidade, na qual abrimos um momento de contemplação, de comunicação (a raiz da palavra comunicação vem de comunidade, comunhão). Há o exercício de pensar, falar, calar. Este encontro se dá através dessas palavras, e o vazio entre os humanos ganha substância através da voz de quem conta um conto.

Benjamin mostrou-se desesperançoso em relação ao futuro do narrador oral em pleno século XX, talvez por causa das contingências históricas que o rodeavam e o perturbavam. Uma primeira guerra mundial atroz e a iminência de outro conflito (segunda guerra mundial), que anunciava algo inimaginável à raça humana. Realmente, a esperança, naquela época, tinha que ser buscada com todas as forças possíveis.

O interessante é que, enquanto Benjamin decretava a "falência" da arte de narrar, em favor, entre outras coisas, da informação rápida e fugaz, um escritor britânico, vivendo na mesma desesperançosa época, criava para seus filhos uma narrativa mítica, na qual "hobbits", "elfos", "magos", "anões" e homens, enfrentavam o mal personificado nos "orcs" e "Sauron".

Tolkien resgata as histórias épicas contadas e cantadas pelos aedos, para trazer, primeiramente, aos seus filhos e, depois, aos milhões de seus leitores, a esperança contida na sua narrativa. Bilbo e Frodo Bolseiro[6] são heróis mortais, frágeis, obstinados, corajosos, medrosos, inteligentes, enfim, representam a encarnação de Ulisses e carregam, dentro de si, uma humanidade que todos reconhecem e com a qual se identificam.

A saga tolkieniana traz, na sua narrativa, o reflexo da época em que Benjamin e outros tantos viviam. Época marcada, principalmente, pela intolerância. Tolkien, porém, assim como Sherazade, era um excelente contador de histórias e leva-nos, capítulo após capítulo, a um desfecho positivo da narrativa: Eros vence Tânatos.

....

[6] Protagonistas dos Livros: *"O Hobbit"* e *" O Senhor dos Anéis"*, editado, no Brasil, pela Martins Fontes..

através da vidraça da
Escola

Compreendendo os argumentos de Benjamin e inspirado pela saga dos Hobbits, acredito que a arte de narrar não escasseou, apenas repousou, aguardando quanto o homem suportaria viver sem sua presença.

Mas é evidente, como o próprio Benjamin ressaltou, que um dos fatores para este recuo da arte de narrar estava calcado no aparecimento da mídia, por meio da qual a informação rápida e efêmera se sobrepunha a uma mensagem mais formadora da psique humana.

> Cada manhã nos informa sobre as novidades do universo. No entanto somos pobres em histórias notáveis. Isso ocorre porque não chega até nós nenhum fato que já não tenha sido impregnado de explicações. Em outras palavras: quase mais nada do que acontece beneficia a narrativa, tudo reverte em proveito da informação. Com efeito, já é metade da arte de narrar, liberar uma história de explicações à medida que ela é reproduzida. (BENJAMIN, 1996, p.61)

Sabemos que, atualmente, o tempo reservado pelas pessoas para verem televisão e, principalmente, navegar na rede, se sobrepõe abissalmente àquele aproveitado para o contato com os livros e suas histórias. A televisão e a internet tomaram o espaço físico do narrador oral; e os espaços do imaginário e simbólico caíram no vácuo de um contato solitário (mesmo possuindo mais de 200 amigos no *Facebook*) e extremamente alienante. A oralidade retorna com força total em compartilhamentos de vídeos. Entretanto, sua marca ancestral, o deleite temporal, ou seja, o compartilhamento prazeroso de palavras aladas é substituído por uma ansiedade "macacal". Pulamos de vídeo em vídeo, o importante é não estacionar, assim perdendo a grande qualidade do "contar e ouvir histórias": o mergulho profundo nos sonhos alheios.

> O mérito da informação reduz-se ao instante em que era nova. Vive apenas nesse instante, precisa entregar-se inteiramente a ele. Com a narrativa é diferente: ela não se exaure. Conserva coesa sua força e é capaz de desdobramentos mesmo depois de passado muito tempo. (BENJAMIN, 1996, p.62)

Mesmo com a concorrência poderosa dos meios de comunicação de massa, nos últimos anos percebo um crescimento considerável e contínuo da prática de narrar e ouvir histórias; as sessões de "horas do conto" nunca foram tão presentes em espaços culturais e educativos; os cursos que trabalham com este tema aparecem até no ensino superior e de extensão universitária.

Alguns meios de comunicação vêm se apropriando desse modelo-narrador, com programas em que aparecem atrizes contando histórias, ou mesmo programas vespertinos com apresentadores que contam e leem aos telespectadores sobre a vida de personalidades conhecidas.

Esses programas, presentes em quase todas as emissoras abertas, praticamente no mesmo horário, parecem-se com as descrições dos antigos narradores medievais, que se deslocavam para o centro das cidades para relatar as informações oficiais a um público não letrado.

Mas, diferentemente do contato "frio" com a televisão, a narração de uma história face a face é o coração batendo da comunidade, é o sangue circulando pelas veias do imaginário dos homens. Ouvir é viver o passado, tornando-o presente, e projetá-lo num tempo por vir.

através da vidraça da
Escola

Há muito tempo, num antigo país da África, dezesseis príncipes negros trabalhavam juntos numa missão da mais alta importância para seu povo, povo que chamamos de iorubá. Seu ofício era colecionar e contar histórias. O tradicional povo iorubá acreditava que tudo na vida se repete. Assim, o que acontece e acontecerá na vida de alguém já aconteceu muito antes a outras pessoas. Saber as histórias já acontecidas, as histórias do passado, significava para eles saber o que acontece e o que vai acontecer na vida daqueles que vivem no presente. (PRANDI, 2001, p.7)

A escrita e a narrativa

Com o surgimento da escrita, a mensagem dirigida anteriormente aos ouvidos se deslocou para os olhos. Enquanto o ouvir pressupunha sempre um interlocutor localizado num tempo de imediatez, a captação pelos olhos pressupunha um suporte concreto e permanente (argila, papiro, papel), no qual se localizava a mensagem emitida.

Apesar das controvérsias, costuma-se fixar por volta de 4000 a.C. o surgimento do primeiro registro escrito: a escrita pictográfica dos sumérios. Essa civilização usou uma nova tecnologia para listar sacos de grãos, contar camelos, entre outras formas de administrar sua vida diária: inscrições em argila serviam como documentos administrativos.

Essas escritas primordiais tinham uma objetividade explícita, ou seja, o signo icônico se aproximava muito da forma do referente. Assim, o signo que equivalia à palavra montanha era um desenho aproximado da mesma. A maioria dos registros escritos tem antecedentes nesta escrita pictórica, como vemos na figura a seguir, que mostra a transformação de figuras mais icônicas em signos mais arbitrários (cuneiformes):

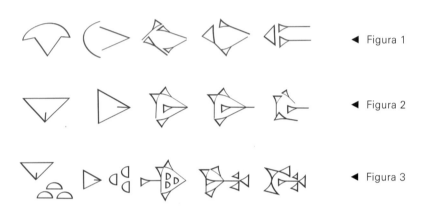

◀ Figura 1

◀ Figura 2

◀ Figura 3

A figura 1 representa uma cabeça de boi, a figura 2 uma mulher e a figura 3 a junção da representação de mulher + montanhas, que representa mulheres estrangeiras, ou seja, escravas. (Extraído do Livro: *"A escrita, memória dos homens"*, de Georges Jean, 2002, p. 14.)

Com o passar dos séculos, os pictogramas foram sendo aperfeiçoados e surgem outros tipos de símbolos, como o ideograma, compondo uma escrita na qual o desenho representava uma ideia em vez de designar algo.

através da vidraça da
Escola

> Observamos que a invenção da escrita ocorreu não para duplicar o oral, mas para completá-lo. Jack Goody mostra como a utilização da escrita permite comunicar de modo diferente do oral. A escrita transforma a própria prática da linguagem. Na verdade, ao se dirigir à visão, a escrita lhe oferece as duas dimensões de sua superfície e, nas listas ou nas tabelas, duas entradas. (BAJARD, 1999, p.16)

Os sistemas silábicos eram complexos, exigiam grande esforço da memória, já que demandavam uma grandiosa quantidade de símbolos. Os povos semíticos possivelmente perceberam a grande dificuldade de memorizar tantos símbolos e criaram o alfabeto.

Esse alfabeto semítico, que surgiu por volta de 1500 a .C., na região próxima à Mesopotâmia (não por acaso a mesma região da descoberta dos escritos cuneiformes) dará origem aos alfabetos hebraico, grego, romano, cirílico, arábico, entre outros.

Uma das características principais desse alfabeto semítico era o fato de não possuir letras que representavam as vogais. O hebraico, por exemplo, só tem letras no seu alfabeto que representam consoantes. A letra *aleph*, que se tornou nossa vogal **a**, é uma consoante em hebraico.

Antes do surgimento da escrita, a palavra oral tinha o poder de congregar todos em volta de um relato. Com o surgimento da escrita ocorre uma cisão entre aqueles que podem escrever e relatar o escrito e aqueles que não o fazem. A escrita, além de modificar intensamente o pensamento e a prática humana, vem reforçar a divisão entre os privilegiados escribas e leitores e os "outros", alijados do poder da marca e da decifração. Claro que a maioria se encontrava e se encontra, ainda hoje, no segundo grupo.

Ao mesmo tempo em que a escrita surgia, iam se definindo elites letradas. Entre os sumérios, a escrita era privilégio dos escribas, que detinham uma aura quase divina. No Egito, os escribas detinham um poder muito grande, eram treinados por muitos anos até alcançarem um dos postos mais cobiçados do reino. Na Mesopotâmia e na China, a elite letrada centralizou o poder político e religioso.

É importante ressaltar que a história da escrita não se realiza de forma progressiva e desenvolvimentista. A base pictográfica da escrita, por exemplo, continua presente no século XXI: ao sairmos às ruas encontramos sinais pictográficos (figura 1), que nos transmitem mensagens, do mesmo modo que a plaqueta de argila (figura 2) datada por volta de 4000 a. C., encontrada na antiga Mesopotâmia, transmitia uma mensagem: os instrumentos agrícolas, os sacos de grãos, as árvores, pertencem àquele cuja mão é vista no alto à direita[7].

Figura 1   Figura 2

[7] Fig. 2 extraída do livro: *"A Escrita, Memória dos Homens."* de Georges Jean, 2002, p. 16.

através da vidraça da
Escola

Ao falarmos de leitura, tomemos em conta, sempre, que esta era feita em voz alta. Não se imaginava naqueles tempos a leitura silenciosa e solitária. Os motivos veremos mais à frente.

Oralidade *versus* cultura escrita

> *O uso da escrita tem um inconveniente que se assemelha à pintura. Também as figuras pintadas têm a atitude de pessoas vivas, mas se alguém as interrogar conservar-se-ão gravemente caladas. O mesmo sucede com os discursos. Falam das cousas como se as conhecessem, mas quando alguém quer informar-se sobre qualquer ponto do assunto exposto, eles se limitam a repetir sempre a mesma cousa.*
>
> Platão[8]

A Grécia antiga aperfeiçoou, por volta do século VII a. C., o alfabeto oriundo da Mesopotâmia. Para Havelock (1994, p.17), essa invenção, que nunca mais precisou ser reinventada, revolucionou a mente ocidental: "O alfabeto converteu a língua grega falada num artefato, deste modo separando-a do locutor e tornando-a uma 'linguagem', isto é, um objeto disponível para a inspeção, reflexão, análise."

A transição da tradição oral para a cultura escrita não se deu, porém, de forma pacífica:

....

[8] PLATÃO, 1971

Quando chegaram à escrita, disse Thoth: "Esta arte, caro rei, tornará os egípcios mais sábios e lhes fortalecerá a memória; portanto, com a escrita inventei um grande auxiliar para a memória e sabedoria." Responde Tamuz: "Grande artista Thoth! Não é a mesma cousa inventar uma arte e julgar da utilidade ou prejuízo que advirá aos que a exercem. Tal cousa tornará os homens esquecidos, pois deixarão de cultivar a memória; confiando apenas nos livros escritos, só se lembrarão de um assunto exteriormente e por meio de sinais, e não em si mesmo. Logo, tu não inventaste um auxiliar para a memória, mas apenas para a recordação." (PLATÃO, 1971, p.262)

Prosseguindo a leitura do diálogo entre Sócrates e Fedro, percebemos quão atual é esta questão do excesso de informação e da formação do aluno através do escrito e do oral:

Transmite aos teus alunos uma aparência de sabedoria, e não a verdade, pois eles recebem muitas informações sem instrução e se consideram homens de grande saber embora sejam ignorantes na maior parte dos assuntos. Em consequência serão desagradáveis companheiros, tornar-se-ão sábios imaginários ao invés de verdadeiros sábios. (PLATÃO, 1971, p.262)

De certa forma, a profecia platoniana se concretizou numa escola que privilegia a memorização da informação em detrimento da formação. A falsa sabedoria é filha do acúmulo de informação sem nenhuma apropriação do aprendido.

Neste ponto, Platão inicia um ataque mais contundente à escrita, porém, sabemos, diferentemente do que afirma Sócrates a Fe-

através da vidraça da
Escola

dro, que o texto fala e se modifica constantemente, dependendo da leitura que façamos dele. Um exemplo é exatamente isto que estamos fazendo com o texto de Platão. A leitura que fazemos dele, no século XXI, é completamente diferente da leitura de um indivíduo, por exemplo, do século XIX. Estamos dialogando com Platão, preenchendo as elipses de seu texto com a nossa vivência de homens de nossa época.

A oralidade permeia e fortifica esse diálogo com o escrito. Platão faz sua defesa da cultura oral, assumindo a importância das fábulas das amas-de-leite, como aquilo que se transmite de uma geração a outra, fora da escola, sem transitar pelos textos, para formar a bagagem de comportamento e saberes; como diz Vernant (1999, p.12), "fora do livro":

> Ainda hoje, um poema só existe se for dito; é preciso conhecê-lo de cor e, para dar-lhe vida, recitá-lo para si mesmo com as palavras silenciosas da recitação interior. O mito também só vive se for contado, de geração em geração, na vida cotidiana. Do contrário, sendo relegado ao fundo das bibliotecas, imobilizado na forma de textos, acaba se tornando uma referência erudita para uma elite de leitores especializados em mitologia.

Na Grécia de Platão, a escrita estava a serviço da cultura oral. Ela produzia vozes e, principalmente, conservava o texto para o "alívio" da memória. Os grandes épicos que eram contados e cantados (*Ilíada, Odisseia* e outros), foram "aprisionados" num plano concreto, à espera da liberdade que vinha da voz do leitor.

O aprisionamento das letras era associado com a morte do texto, já que este se afastava da vida cotidiana; porém, a morte do texto, paradoxalmente, garantia sua durabilidade e sua capacidade de ser ressuscitado por um número infinito de leitores vivos.

O próprio discurso de Platão só pôde ser estudado e mantido através dos séculos devido à cultura escrita. O debate entre a cultura oral e a escrita manteve-se ativo durante toda a história da humanidade:

> Este ataque platônico contra a escrita não é um exemplo isolado na história da nossa cultura. Rousseau e Bergson, por exemplo, estabelecem uma relação, por razões diferentes, entre os males principais que assolam a civilização: é a escrita... Com a escrita começou a separação, a tirania e a desigualdade... A fragmentação da comunidade de falantes, a divisão da terra, a analiticidade do pensamento, e o reino do dogmatismo foram todos originados com a escrita. (RICOEUR *apud* GNERRE, 1985, p.49)

A escrita também é vista com receio nas sociedades hindus. Para elas uma pessoa conhece somente o que memoriza. Caso faça uso de um livro para memorizar algo, seu conhecimento é considerado parcial. Para os hindus, um homem culto não é aquele que leu muito, mas aquele que recebeu oralmente um ensino profundo. Para as sociedades orais, a comunicação verbal se dá face a face, vê-se a palavra impregnada pelo contexto (volume da entonação, emoções, expressões e outros elementos supra-segmentais), viva e tridimensional. Para essas sociedades, a escrita não é confiável por não representar interlocutores respirando na frente um do outro.

Atitude explícita de rejeição à escrita, imposta às vezes pelos homens "civilizados" às comunidades orais, é claramente descrita pelo líder indígena americano Russel Means:

através da vidraça da
Escola

O único início cabível numa declaração deste gênero é que eu detesto escrever. O próprio processo resume o conceito europeu do pensamento legítimo: o que é escrito tem uma importância que é negada ao falado. A minha cultura, a cultura lakota, tem tradição oral e, portanto, eu usualmente rejeito escrever. Um dos meios de que se vale o mundo dos brancos para destruir as culturas de povos não europeus é impor uma abstração à relação falada de um povo. Por isso, o que você lê aqui não é o que escrevi. É o que eu disse e outra pessoa escreveu. Permito que assim seja feito porque me parece que a única via de comunicação com o mundo dos brancos são as folhas mortas e secas dos livros. (MEANS *apud* GNERRE, 1985, p.53)

A questão homérica

Ao passo que os antigos, quando falavam de um poeta – um 'fazedor' –, pensavam nele não somente como quem profere essas agudas notas líricas, mas também como quem narra uma história. Uma história na qual todas as vozes da humanidade podem ser encontradas – não somente a lírica, a pesarosa, a melancólica, mas também as vozes da coragem e da esperança. Ou seja, me refiro ao que suponho ser a mais antiga forma de poesia: a épica.

Jorge Luís Borges[9]

[9] BORGES, 1980

Durante muitos séculos, a questão homérica vem habitando a imaginação de literatos e pesquisadores. A curiosidade sobre a figura de Homero recai até mesmo sobre sua aptidão visual: terá sido ele um poeta cego? A própria existência de Homero já foi posta em dúvida. Ele foi um criador solitário ou um grupo de pessoas? Mas qual é a relação da questão homérica com a formação do leitor? Veremos isso no percurso deste capítulo.

A *Ilíada* e a *Odisseia* são consideradas duas das mais importantes criações artísticas do Ocidente, estudadas há mais de dois mil anos e que contêm, dentro de seus corpos literários, os contrastes entre a oralidade e a cultura escrita. A *Ilíada* e a *Odisseia*, dizem alguns estudiosos, datam dos últimos anos do século IX a.C., época marcada pela consolidação da pólis. E é nesta pólis que a obra de Homero será recitada em voz alta, num auditório repleto de homens "[...] ricos e poderosos, capazes de ir à guerra armados da cabeça aos pés." (VIDAL-NAQUET, 2000, p.15)

Muitos pesquisadores colocaram em dúvida a autoria da Odisseia e da Ilíada como criações de Homero, outros puseram em dúvida a época de seu surgimento. Porém, o que é inegável é a força que essa obra possui. Se não, como explicarmos sua permanência no tempo, sua durabilidade, seu fascínio? Sua fluidez se assemelha "(...) aos grãos de sementes que, durante milênios hermeticamente fechados nas câmaras das pirâmides, conservam até hoje sua força de germinação." (BENJAMIN, 1996, p.62)

O que sabemos com certeza é que a *Ilíada* e a *Odisseia* foram criadas para serem recitadas por aedos (*aoidós* significa "cantor"), que as apreenderam por meio da leitura, ou, o que é mais provável, ouvindo-as de outros aedos. A recitação, de cor(ação), era um feito prodigioso.

através da vidraça da
Escola

Foi somente no século XX que se descobriram alguns dos "mistérios" que rondavam Ulisses, Páris, Helena, Hera, Heitor, Aquiles, entre outros personagens gregos. Eles não eram citados sem pelo menos um dos muitos epítetos característicos de cada um deles, incansavelmente repetidos junto ao seu nome: "Volveu-lhe, então, Atena, deusa de olhos verde-mar [...] O primeiro a visitá-la foi Telêmaco, de aspecto divino..." (HOMERO, 1988, p.10)

Estas repetições, também chamadas de "estilo formular", foram notadas e pesquisadas por Milman Parry. Com sua morte prematura, em 1935, seu filho, Adam Parry, deu continuidade ao seu trabalho. Parry e Lord (1960) foram procurar, nos Bálcãs, os indícios presentes nas narrativas dos bardos iugoslavos, que confirmariam a hipótese da forte presença de características orais nos textos épicos.

Na planície do Kosovo, há muitos séculos, os exércitos cristãos compostos por sérvios e albaneses combateram o exército turco. Os turcos venceram e dessa batalha surgiu uma tradição épica. Bardos sérvios reuniam-se nos cafés, recitavam milhares de versos, que conheciam de cor(ação), das imensas epopeias que narravam a grande batalha entre turcos e cristãos. Esses exímios "cantadores" eram analfabetos e, alguns, até cegos. Todos narravam as façanhas da batalha do "Campo dos Melros". Parry e Lord observaram que tão logo um bardo aprendia a ler e escrever, suas habilidades mnemônicas para narrar a epopeia desapareciam[10].

Portanto, era necessário registrar aquele tesouro vivo antes de sua extinção. Parry e Lord utilizaram um aparelho revolucionário na época: o gravador. E com ele conseguiram verificar que, depois de um intervalo de meses, ou até anos, as modificações nos relatos dos bardos não eram substanciais. Milman Parry (1928) descobriu que os

[10] Ismail Kadaré, romancista albanês, transformou a pesquisa de Parry e Lord em um belíssimo romance, "O Dossiê H.", da Cia. Das Letras, 2001.

epítetos e as fórmulas tinham função de dar fôlego ao aedo durante a recitação, tornando o ato de recitar muito mais controlável. ´

> O poeta oral possuía um repertório abundante de epítetos diversifica-dos o bastante para fornecer um epíteto para qualquer exigência mé-trica que pudesse surgir à medida que ele costurava sua história – dife-rentemente em cada narração, pois, como veremos, os poetas orais não trabalham normalmente com base na memorização palavra por palavra de seu poema. (ONG, 1998, p.30)

O interessante é que contadores de histórias de hoje vivem esse processo[11] de modo similar; possuem na memória uma quantidade imensa de narrativas, porém, não sabem nenhuma *ipsis litteris*. Ao mesmo tempo, não se esquecem de nenhuma. O que memorizam são as estruturas narrativas: eles também têm os seus epítetos e fórmulas que os auxiliam.

Num dos livros mais belos sobre a vida de um contador de his-tórias, *Narradores de La Noche*, de Rafik Schami (1989, p.231), en-contramos nas palavras do grande narrador e carroceiro, Salim, sua opinião sobre a memória das narrativas:

> Por qué estaba tan triste su corazón? Primero pensó que era debido a que la história había permanecido desprovista de qualquier adorno en su re-cuerdo. No, esa no era la razón de su estado de ánimo, pues él conservaba todas las historias desprovistas de adornos en su memoria. Al contarlas desarrollaba sus pensamientos y daba a sus relatos desnudos el vestido, el pensamiento y el ritmo adecuados. No, sólo los malos narradores re-cuerdan de memoria las historias con todo lo que forma parte de ellas.

....

[11] Sou contador de histórias, tenho na memória mais de 200 histórias e não sei nenhuma *ipsis litteris*.

através da vidraça da
Escola

Milman Parry deduziu que talvez Homero tivesse um "dicionário de expressões" que ele costurava na sua narrativa. Homero não seria apenas um criador genial de uma obra épica, seria também um alfaiate recolhendo tecidos orais nos mercados gregos, que foram sendo cerzidos no manto da *Ilíada* e da *Odisseia*.

> Essa ideia era particularmente ameaçadora para letrados convictos. Pois os letrados são educados, em princípio, para nunca utilizar clichês. Como conviver com o fato de que os poemas homéricos, cada vez mais, pareciam ser feitos de clichês, ou elementos muito semelhantes a eles? Sobretudo quando o trabalho de Parry progrediu e foi continuado por estudiosos posteriores, tornou-se evidente que apenas uma fração mínima das palavras na Ilíada e Odisseia não constituía parte de fórmulas e, até certo ponto, fórmulas devastadoramente predizíveis. (ONG, 1998, p.33)

Uma questão interessante apareceu para os estudiosos de Homero: como explicar a qualidade dos poemas homéricos se os leitores eruditos advindos séculos depois eram ensinados a desvalorizar o previsível, a frase pronta ou, melhor dizendo, a linguagem utilizada com desenvoltura pelo povo, com seus provérbios, canções e ditos populares?

Na época de Homero, o pensamento ainda estava fincado numa forte oralidade, o pensamento necessitava de padrões fixos e formulares para a execução de inúmeras tarefas sociais. O conhecimento tinha que ser constantemente repetido, metrificado, versejado, enfim, tratado esteticamente para não se esvair da memória.

Como já vimos no início deste trabalho, a cultura oral traz dentro de si uma sabedoria, uma riqueza de elementos, que, de tão fortes e inquebrantáveis, não foram apagados da memória coletiva. Portanto, neste fato reside a qualidade da épica homérica e de outras tantas produções advindas da oralidade. "Os dois poemas homéricos poderiam ser vistos como enormes repositórios da informação cultural, abrangendo costumes, leis e propriedades sociais, que também foram armazenados." (HAVELOCK *apud* OLLSON; TORRANCE, 1997, p.30)

Mas qual a importância disso para as questões tratadas neste livro? O que Homero tem a ver com o João que não sabe ler, não gosta de livros, não escreve bem, mas adora ouvir histórias, adora dançar ciranda, adora cantar cantigas, adora brincar de herói? Os livros são herdeiros, filhos das novas histórias antigas (*Ilíada, Odisseia, Dom Quixote, Pele de Asno, Pedro Malasartes, Trancoso, Saci*). Assim como os aedos homéricos, não caberia aos educadores "cantar", recitar estas histórias às nossas crianças?

Ulisses e muitos outros personagens merecem ser lançados por nossas vozes e assimilados por ouvintes das mais diversas idades. Só assim eles sentirão a prontidão do herói em seu corpo e perceberão o quanto é fascinante, agradável e intenso o contato com a criação literária.

As repercussões da criação do alfabeto grego

O alfabeto semítico, preexistente ao alfabeto grego, forçava o leitor a interpretar a escrita para poder lê-la. Ao olhar a palavra es-

através da vidraça da
Escola

crita, por exemplo, em hebraico, o leitor tinha que conhecê-la previamente para identificá-la.

Segundo Havelock (1994), com a introdução de símbolos representativos de vogais, o leitor poderia emitir o som da palavra escrita sem nunca tê-la visto antes, já que ela continha todos os elementos fonéticos para sua emissão. A autonomia da escrita em relação à fala processou-se a partir do alfabeto vocalizável.

Aos poucos, a cultura escrita grega foi se tornando um corpo com vida e funções próprias, subordinando-se, inclusive, ao ensino. Os gregos começaram a ensinar o alfabeto às suas crianças e, quanto mais cedo ocorria essa aprendizagem, mais ela se fixava na mente infantil. Escolas tiveram que ser criadas.

Como foi dito anteriormente, a escrita logrou, no seu início, servir à tradição oral. As primeiras produções textuais gregas eram escritas em forma de poesia, com estruturas rítmicas que auxiliavam sua memorização. Com o passar do tempo, a produção escrita grega foi se distanciando desta necessidade exclusiva de ter um registro acústico. Também não era mais necessária a memorização do texto, pois este podia "repousar" em um suporte concreto. Esse processo, segundo Ong (1998), transformou a consciência humana, liberando energia, usada antes na preservação mnemônica do conhecimento, para a possibilidade de uma maior abstração mental.

O esquecimento já não era mais um ato grave a ser repudiado. E como disseram Ong (1998) e Havelock (1994), as energias psíquicas, liberadas do esforço de memorização, foram redirecionadas para expansão da cognição. A escrita possibilitaria uma maior criação de enunciados novos e inesperados, desconhecidos dentro do contexto da tradição oral.

A mente ocidental começaria, a partir do alfabeto grego, o seu percurso da abstração científica. Os novos pensamentos adviriam através dessa nova ferramenta tecnológica, que possibilitava experimentar uma fluidez de pensamento, uma abstração que poderia ser registrada e, principalmente, estudada a qualquer momento e por qualquer leitor.

A partir dos gregos, não só a ciência começaria a ganhar uma dimensão nunca antes vista no Ocidente, mas também a própria maneira de se ver a vida, de se pensar o mundo. Esses estudos sobre a escrita e suas repercussões revolucionárias encontram críticos que veem nessa proposição uma ideologia de poder das culturas tipográficas, como J. Peter Denny (1991, p.75). Este autor explicita o exagero, por parte de alguns estudiosos, da tese da "grande virada"[12] no Ocidente, com o surgimento do alfabeto:

> Acredita-se que o pensamento ocidental, para o qual muito contribuiu a cultura escrita, seja mais reflexivo, mais abstrato, mais complexo e mais lógico que o pensamento de sociedades agrícolas e caçadoras-coletoras, anteriores à escrita. Entretanto, as pesquisas mostram que essa é uma crença errônea e que o pensamento ocidental apresenta apenas uma propriedade distinta, que o separa do pensamento das duas culturas, a agrícola e a caçadora-coletora: a descontextualização. A descontextualização é o manuseio de informações de forma a desmembrá-la ou colocá-la em segundo plano.

A afirmação de que o pensamento que evoluiu com a escrita é mais reflexivo, abstrato, complexo, lógico do que o pensamento das sociedades orais é refutada também por Marcuschi, que, por outro lado, con-

....

[12] Convencionou-se chamar "tese da grande virada" a intensa transformação no nosso grau de desenvolvimento tecnológico e na nossa capacidade de raciocínio formal causada pela introdução da cultura escrita nas sociedades antigas. Dois representantes dessa tese: Walter Ong (1982) e Jack Goody.

corda com a importância da escrita como um bem social indispensável nos tempos modernos. Aqueles que não estão inseridos na cultura escrita fazem parte de um contigente excluído de seus direitos básicos.

Esse autor ainda refuta as afirmações de Walter Ong, concordando primeiramente que o homem é um ser que fala e não um ser que escreve, mas que isso não pode dar à fala primazia e superioridade em relação à escrita.

Segundo ele, a escrita não é uma representação do oral, já que ambos têm características muitos peculiares. A cultura oral produz fenômenos corporais inexistentes na escrita, e esta, por sua vez, possui em sua composição elementos que não encontramos na cultura oral, como, por exemplo: "[...] tipos de letras, cores e formatos, elementos pictóricos, que operam como gestos. Mímica e prosódia graficamente representadas." (MARCUSCHI, 2000, p.16)

Para o autor, diferentemente de outros, a tradição oral não se torna mais prestigiosa que a escrita devido à sua dominância durante a história dos povos; ela tem apenas uma "primazia cronológica" em relação à cultura escrita. Novamente, ele coloca o escrito e o oral no mesmo nível de importância, porém, com diferentes especificidades: "Oralidade e escrita são práticas e usos da língua com características próprias, mas não suficientemente opostas para caracterizar dois sistemas linguísticos nem uma dicotomia." (MARCUSCHI, 2000, p.17)

A coerência, consistência e abstração, entre outras características, estariam presentes nas duas modalidades de linguagem, a oral e a escrita. Essas modalidades seriam instâncias que se utilizariam de meios distintos para sua emissão e recepção, o que não caracterizaria a predominância de uma sobre a outra.

Olson, Ong, Havelock e outros, procuraram compreender as causas e os efeitos da introdução da cultura escrita na mente humana. É importante acompanhar o desenvolvimento desses estudiosos e seus críticos para termos um entendimento maior dos discursos criados em torno desses temas: alfabetização, letramento e leitura.

Acredito nos efeitos da cultura escrita no pensamento humano, porém também creio que a cultura escrita não se sobrepõe às culturas orais. Detectamos suas características próprias, seu funcionamento particular e seu alto valor, como herança humana comum, em ambas as modalidades. A finalidade deste estudo é pensar em como fazer essa passagem, no caso de uma sociedade fortemente oral, como a brasileira, da cultura oral para a escrita, sem fazer uso dos preconceitos acumulados pela herança tipográfica.

Havelock enfatizou a grande revolução causada pelo alfabeto grego na mente humana, mas retoma, em um artigo[13], a preocupação com a presumida supremacia da escrita em detrimento do oral, principalmente na educação moderna.

Os alunos dos anos iniciais necessitariam mesmo penetrar no mundo da escrita e da leitura, sem passar primeiramente por um aprendizado advindo da herança oral deixada pelos nossos antepassados?

O que ele propõe é um aprendizado da escrita a partir de uma vivência anterior do aluno com as construções orais deixadas pelos homens. Isto significa propor atividades em que música, dança, recitação, entre outras manifestações culturais, façam parte do pleno desenvolvimento da criança.

A formação do leitor passaria primeiro por um "treino", um "aquecimento" oral. "A sabedoria dos antigos não residiria nesta força da

---

[13] HAVELOCK, Eric. A Equação Oralidade – Cultura Escrita: uma fórmula para a mente moderna. In: Cultura escrita e Oralidade, São Paulo: Ática, 1997, p. 17-33.

através da vidraça da
Escola

mente oral?", pergunta o pesquisador. Forçar o olho antes de treinar o ouvido não seria saltar um estágio no desenvolvimento humano?

Essa hipótese não parece querer repetir na educação o percurso histórico que o homem fez na aquisição da leitura e da escrita? Se for isto, acredito ser este o caminho do homem – pela voz e pelas letras – não linear; ou seja, o homem não conseguiu abandonar práticas de comunicação milenares e, ao mesmo tempo, criou novas ferramentas para tal fim.

Um exemplo disto é o próprio uso do computador, ícone da modernidade: ao abrirmos seu processador de textos, nossos olhos acompanham as letras num "desenrolar" de páginas (barra de rolagem), de forma similar à leitura de textos de um *volumen* do século I.

Se Havelock nos leva a uma proposição da aprendizagem da escrita e da leitura a partir de uma vivência de práticas da cultura oral, Foucambert exclui o uso desta herança e prática oral para o aprendizado tipográfico. A escrita e a leitura, para ele, advêm de um contato precoce e intenso com o mundo das letras e seus produtos.

> Para aprender a ler, enfim, é preciso estar envolvido pelos escritos os mais variados, encontrá-los, ser testemunha de e associar-se à utilização que outros fazem deles – quer se trate dos textos da escola, do ambiente, da imprensa, dos documentários, das obras de ficção. Ou seja, é impossível tornar-se leitor sem essa contínua interação com um lugar onde as razões para ler são intensamente vividas. (FOUCAMBERT, 1994, p.31)

Os olhos são os protagonistas da teoria de Foucambert, os ouvidos são relegados a uma posição de figurantes nessa cinematografia da leitura. A escrita e a leitura são desveladas aos alunos através do uso intenso dos textos desde a mais tenra infância. E a voz? "A leitura em voz alta é muito mais complexa do que a leitura e é difícil imaginarmos como ela poderia propiciar que alguém aprendesse a ler..." (FOUCAMBERT,1994, p.8)

Mesmo sendo contrário à concepção de Foucambert, é importante considerar o realce que ele dá ao uso precoce e intenso do texto escrito como formas dadas ao trabalho da visão. Tanto Foucambert como Havelock trazem à baila a reflexão sobre a oralidade e a cultura escrita. O que podemos pensar é que não existe, atualmente, nas grandes metrópoles ocidentais, ser humano que não tenha contato com o escrito. Todos se relacionam com a letra diariamente, os olhos batem em letreiros, jornais, placas, pichações.

A diferença que eclode é a decifração que os olhos executam ao se encontrarem com as letras. Muitos olhos apenas reconhecem a existência deste mundo das marcas, mas mesmo assim fazem parte dele de uma forma particular. Em sua edição de 09 de setembro de 2002, o "Jornal Nacional" mostrou uma reportagem sobre as desigualdades regionais na educação. No Maranhão, uma mãe "analfabeta", Maria de Souza, mostra orgulhosa uma placa cheia de letras no meio da sala: "Tem uma faixa que coloquei na parede que eu achei na estrada. Achei as palavras bonitas e, mesmo sem saber o significado, cheguei e coloquei na parede." (Jornal Nacional, 09/09/2002)

A reportagem segue dizendo que há gerações e gerações longe das letras. Longe? Maria de Souza tem as letras bem perto dela, ela acorda vendo a escrita no meio de sua sala. Ela se relaciona com as marcas: "Achei as palavras bonitas...", porém, não as decifra.

O caminho para o entendimento do código escrito não está cal-

através da vidraça da
Escola

cado em uma aprendizagem exclusivamente para os olhos e precedente à dos ouvidos. A aprendizagem é dinâmica e pode ocorrer, concomitantemente, nas impregnações que a vivência cotidiana permite entre os dois sentidos. Podemos cantar, recitar, contar para as crianças pequenas e, depois, deixá-las brincar com livros. A letra e a voz estão presentes no nosso campo perceptivo desde que nascemos.

A leitura em voz alta

Por volta do século VII a.C. o livro parece ganhar um outro atributo: de receptáculo de textos, a serem memorizados e conservados, para um objeto destinado à leitura, ao estudo e à reflexão.

Esses novos leitores aparecem nas ilustrações de achados arqueológicos daquela época. Eles não eram leitores solitários, viam-se sempre rodeados por outras pessoas, mostrando que a leitura de livros era uma prática social compartilhada: "Na ausência de documentos, parece lógico pensar que a leitura em voz alta constitui a forma original de leitura." (SVENBRO *apud* CAVALLO; CHARTIER, 1997, p.41)

Manguel (1997, p.59) nos lembra também que a leitura silenciosa, individual, era considerada uma prática "anormal": "Segundo Plutarco, Alexandre, o Grande, leu em silêncio uma carta de sua mãe no século IV a.C., para espanto de seus soldados."

A escrita advinda do alfabeto era contínua, sem espaços, uma cadeia ininterrupta de letras (*scriptio continua*). A leitura em voz alta, portanto, era considerada um ato comum, já que possibilitava uma maior compreensão do texto.

Além disso, até o século IV, o texto era copiado em rolo (*volumen*), tornando mais difícil seu manuseio. O olhar percorria lentamente as linhas, a virada de página não existia, o suporte dificultava uma leitura mais ágil.

Outra explicação para a leitura ser realizada em voz alta é o fato de que os livros eram manuscritos, com poucas cópias, tornando-os objetos raros, portadores de textos importantes, quais sejam, os textos sagrados:

> A compreensão desses textos supõe um trabalho; inicialmente eles devem ser vocalizados, memorizados e depois retomados inúmeras vezes para serem entendidos. Guardados na memória, depositários de seu sentido, tais textos só se deixarão revelar à medida que sua emissão vocal puder dissolver as dificuldades de compreensão, não somente na ordem linguística, mas também de ordem espiritual. (BAJARD,1999, p.31)

Santo Agostinho, por volta do século V, parece ter considerado o ato de leitura silenciosa de Ambrósio algo fora do padrão. A descrição que segue sugere um "estranhamento" de tal prática:

> Mas, quando lia, os olhos divagavam pelas páginas e o coração penetrava-lhes o sentido, enquanto a voz e a língua descansavam. Nas muitas vezes em que me achei presente – porque a ninguém era proibida a entrada, nem havia o costume de lhe anunciarem quem vinha – sempre o via ler em silêncio e nunca doutro modo. (AGOSTINHO, 1973, p.111)

através da vidraça da
Escola

O "doutro modo" a que se refere Santo Agostinho é a leitura mais praticada naquela época: a leitura em voz alta. Talvez por isso ele tentava explicar a si mesmo os motivos que levavam Ambrósio a efetuar tão diferente leitura:

> Lia em silêncio, para se precaver, talvez, contra a eventualidade de lhe ser necessário explicar a qualquer discípulo, suspenso e atento, alguma passagem que se oferecesse mais obscura do livro que lia. Vinha assim a gastar mais tempo neste trabalho e a ler menos tratados do que desejaria. Ainda que a razão mais provável de ler em silêncio poderia ser para conservar a voz, que facilmente lhe enrouquecia. Mas, fosse qual fosse a intenção com que o fazia, só podia ser boa, como feita por tal homem. (AGOSTINHO, 1973, p.111)

Mesmo com a multiplicação dos escritos, a partir dos séculos XII e XIII, o olhar ainda não estava acostumado, como o nosso olhar hoje o é, com a presença da escrita no mundo. A leitura exigia um esforço físico e uma argúcia intelectual por parte dos leitores: "Antes do século XIII, foi, às vezes, necessário reunir verdadeiros comitês de leitores para assegurar a correta decifração de um documento difícil." (ZUMTHOR, 2001, p.104)

Para os leitores daquela época, ler significava o ruminar de uma sabedoria e apenas a emissão do som; a vocalização do texto permitiria uma apreensão verdadeira de sua mensagem.

A leitura em voz alta ficou tão impregnada na história da leitura que, por volta de 1570, o penúltimo imperador Inca, Titu Cusi Yupanqui, descreveu os colonizadores espanhóis como "homens barbudos que falavam sozinhos segurando nas mãos folhas de tecido branco." (ZUMTHOR, 2001, p.105)

A grande quantidade de analfabetos no mundo ocidental contribuiu também para a expansão da leitura em voz alta. O clero, que ruminava o texto nos monastérios, era o intermediário entre a palavra de Deus e os ouvidos dos fiéis. A explicação individual das escrituras estava excluída, ela só viria mais adiante com a reforma protestante e a imprensa de Gutenberg.

Nas cidades medievais havia grandes contingentes de analfabetos e, por causa disso, começaram a surgir os leitores públicos, que intermediavam leituras religiosas, estatais e de entretenimento para um público ávido de ouvi-los. A partir do século XI, em todas as cidades da Europa, existiam "leitores" itinerantes que recitavam ou cantavam seus próprios versos, ou de outros autores, todos memorizados.

Por isso podíamos ver homens simples, analfabetos, "lendo" e recitando suas obras com maestria, numa *performance* mais próxima da oralidade. A literatura de cordel, tão popular e ainda na ativa em algumas cidades do nordeste do Brasil, traz essa marca da leitura em voz alta em praça pública.

Até o final do século XVIII, a leitura em voz alta era prática comum, mesmo nas famílias alfabetizadas. O livro e seu leitor reuniam pessoas ao seu redor: memorizar, recitar, emocionar. Um exemplo desse leitor social aparece com o autor de, entre outras obras, Iracema. José de Alencar (1955, p.20) incorporou, dentro de sua família, o "posto" de leitor: "Era eu quem lia para minha boa mãe, não somente as cartas e os jornais, como os volumes de uma diminuta livraria romântica formada ao gosto do tempo."

O lugar ocupado pelo leitor social estabelecia um status. José de Alencar relata, numa pequena biografia, que tão logo começavam

através da vidraça da
Escola

a costurar, sua mãe e amigas chamavam-no a iniciar suas leituras num lugar de honra. As leituras de Alencar desencadeavam comentários e reações emocionais:

> Uma noite, daquelas em que eu estava mais possuído do livro, lia com expressão uma das páginas mais comoventes da nossa biblioteca. As senhoras, de cabeça baixa, levavam o lenço ao rosto, e poucos momentos depois não puderam conter os soluços que rompiam-lhes o seio. (ALENCAR, 1955, p.24)

E não somente as ouvintes se emocionavam, o próprio leitor descreve o quanto a leitura embargava sua voz e marejava a sua vista. A leitura social expandia sua repercussão para além do círculo primeiro formado: ela ampliava a possibilidade da participação de outros que estivessem perto do local da leitura em voz alta.

> Vendo-nos a todos naquele estado de aflição, ainda mais perturbou-se: – Que aconteceu? Alguma desgraça! Perguntou arrebatadamente. As senhoras, escondendo o rosto no lenço para ocultar do Padre Carlos o pranto, e evitar os seus remoques, não proferiram palavra. Tomei eu a mim responder: – Foi o pai de Amanda que morreu! Disse mostrando-lhe o livro aberto. Compreendeu o Padre Carlos e soltou uma gargalhada, como ele as sabia dar, verdadeira gargalhada homérica, que mais parecia uma salva de sinos a repicarem do que riso humano. (ALENCAR, 1955, p.25)

José de Alencar constatou, na sua rápida biografia, a importância que teve a leitura social na sua vida: "Foi essa leitura contínua e repetida de novelas e romances que primeiro imprimiu em meu espírito a tendência para essa forma literária, que é entre todas a de minha predileção." (ALENCAR, 1955, p.25)

Como podemos ver, as vantagens da leitura em voz alta não se dirigiam apenas aos ouvintes, o próprio leitor era marcado pela sua *performance*; no caso de Alencar, a repetição das mesmas obras "contribuiu para mais gravar em meu espírito os moldes dessa estrutura literária ..." (ALENCAR, 1955, p.26). A leitura em voz alta não era somente apreciada dentro do círculo familiar. No século XIX surgem, nos meios acadêmicos, grandes propagandistas dessa prática social, como Ernest Legouvé:

> A leitura em voz alta nos proporciona um poder de análise que a leitura muda nunca conhece [...] O professor consegue promover o gosto pelos livros, efetuando, ele mesmo, de vez em quando, para toda a classe, uma pequena sessão de leitura. (LEGOUVÉ apud BAJARD, 1999, p.35)

Leitura em voz alta: questões terminológicas

Acredito ser pertinente, neste capítulo, concluir a abordagem a respeito da leitura em voz alta, apresentando uma reflexão a respeito da expressão aqui adotada: leitura em voz alta. Segundo alguns pesquisadores, essa expressão, se não contextualizada, pode provocar ambiguidades, já que seu uso não é consensual.

através da vidraça da
Escola

Ao comunicarmos um texto em voz alta para alguém, estamos efetuando uma transmissão vocal de um texto gráfico, processo diferente daquele que ocorre quando alguém lê solitária e silenciosamente.

Bajard mostrou como os autores que estudam a história da leitura tentaram precisar essas terminologias. Roger Chartier, por exemplo, fala comumente da leitura em voz alta em vários de seus textos, para designar a existência de um público ouvinte dessa modalidade de leitura.

> O tema tão frequentemente usado no final do século pelos pintores e pelos escritores, de uma leitura camponesa, patriarcal e bíblica, feita durante o serão pelo pai de família que lê em voz alta para os moradores da casa reunidos, enuncia uma nostalgia de uma leitura perdida. (CAVALLO; CHARTIER, 1998, p.29)

Além de leitura em voz alta, Chartier (1987, p.95-209) contempla também a recepção: *"livro escutado ('livre entendu')"* e *"receber a escrita pelo ardil da fala ('recevoir l'écrit par le truchement d'une parole')"*. E a emissão: *"uma fala que diz a escrita ('une parole qui dit l'écrit')"*.

Alberto Manguel (1997, p.131) escolheu falar de leitura ouvida, quando o foco desloca-se para o receptor do texto: "Em outras ocasiões, eu abria mão de todos esses direitos. Delegava palavras e voz, desistia da posse – e às vezes até da escolha – do livro e, exceto por algum pedido de esclarecimento ocasional, ficava apenas escutando."

Bajard (2002, p.85) indaga: "Mas será que é a leitura que é transmitida ou recebida? Não seria o texto e sua interpretação?" Esse autor não acha satisfatória a terminologia corrente usada, *leitura silenciosa/leitura em voz alta.* Para ele, a palavra leitura remeteria exclusivamente ao tratamento visual do texto para entendê-lo, ou seja, a leitura individual, solitária. A terminologia leitura em voz alta seria somente adequada quando o emissor fizesse uso da voz para compreender o sentido do texto, assim como fazia Santo Agostinho, que lia em voz alta com a finalidade explícita de autocompreensão do lido, e não como fazem, por exemplo, os professores quando *comunicam em voz alta*, às crianças, o que está escrito nos livros. Então, o que eles estariam fazendo? Estariam praticando uma atividade de emissão, e não de recepção; portanto, não poderíamos chamar de leitura aquilo que não é recepção. Bajard (2002, p.73), então propõe que chamemos essa *"voz alta"* de *"dizer"*, "[...] palavra ligada lexicalmente ao termo dicção – também utilizado no teatro, mas que não apresenta forma verbal correspondente – que oferece a vantagem de poder ser empregada como substantivo ou como verbo." Posteriormente, ele acabou utilizando também a expressão *"transmissão vocal do texto."*

Portanto, haveria duas práticas bem diferentes, demarcadas por suas terminologias: a leitura solitária e silenciosa e a transmissão vocal do texto. Bajard considera importante essa distinção em vários níveis. Para demonstrar essa diferenciação, vejamos, a seguir, alguns deles.

No plano da comunicação, a leitura solitária pressupõe um sujeito numa relação dual com o escrito; já na transmissão vocal do texto, existe um mediador entre o escrito e o receptor. No plano das linguagens, a primeira "[...] opera sobre a língua e às vezes sobre uma outra linguagem visual de acompanhamento, a imagem." (BAJARD, 2002, p.86). Já a segunda trabalha com várias linguagens que acom-

através da vidraça da
Escola

panham a transmissão vocal do texto: gesto, olhar, espaço etc. Neste plano, poderíamos falar de uma _performance_, ou seja, de uma certa teatralidade presente no ato de transmitir o texto vocalmente.

A _"voz alta"_ não seria, então, uma modalidade de leitura, estaria no campo do dizer o texto. Essa terminologia _leitura em voz alta_ só seria pertinente quando realizada com o intuito de compreender, decifrar as palavras desconhecidas dentro do texto. Por exemplo, quando a criança está lendo, pela primeira vez, um texto em voz alta, tentando juntar na sua mente as palavras que está proferindo – seria algo parecido com o _ruminatio_ romano.

Bajard (2002, p.90) afirma que essa distinção de atividades explicaria "[...] que a competência de leitor é também diferente da competência de 'transmissor'. Uma pessoa pode ter sucesso com uma delas e ter mais dificuldade com a outra, o que acarreta a necessidade de abordagens diferenciadas por parte do docente ou mediador."

Acredito e compreendo que esta discussão é importante para o entendimento da prática e do pensar pedagógicos. Percebo, porém, nestes muitos anos de contato com educadores nas mais diferentes regiões do país, que a terminologia mais disseminada, por enquanto, para se referir a essa transmissão vocal do texto, continua sendo _leitura em voz alta_, imagem que remete a alguém abrindo o livro e lendo para outros.

Nesta pesquisa optei por manter a nomenclatura _leitura em voz alta_ para designar a transmissão vocal do texto. Fiz isto para estabelecer uma continuidade linguística com o que é falado e entendido por profissionais da área humanística no Brasil. Acredito que o ajuste do vocabulário técnico do campo da leitura é fundamental, mas a opção pelo termo popular _leitura em voz alta_ implica também a oportunidade de, através da polissemia da expressão, jogar com a possibilidade de diversas definições e contextualizações.

Leitura em voz alta, portanto, está sendo considerada aqui a técnica performática que o leitor executa quando se põe a veicular, por meio de sua voz, um fluxo narrativo oferecido ao outro, que o recebe por meio da audição e da visão. A *performance* gestual e interpretativa da leitura varia de acordo com a conjunção dos interesses dos sujeitos envolvidos nesse processo. O jogo estabelecido no ato da leitura em voz alta oscila também de acordo com o espaço em que é realizado, a faixa etária dos receptores, o nível de letramento, situação de saúde e outras variações.

Mais adiante retomaremos a questão da leitura em voz alta nos tempos atuais, tema de extrema importância para o objetivo de nossa investigação sobre a formação do leitor. Agora, veremos como a leitura silenciosa foi traçando sua história e adentrando, de uma forma eficaz, num mundo predominantemente vocalizado.

Leitura silenciosa

Na Europa da Alta Idade Média, a leitura em voz alta ainda estava presente nas cidades, porém, aos poucos, a leitura silenciosa foi adquirindo o *status* de modalidade preferida dos leitores, ou seja, dos homens da Igreja.

Essa passagem do som exterior para o som interior deu-se por vários motivos. Primeiramente, a prática de leitura, diferentemen-

através da vidraça da
Escola

te da antiguidade, quando era exercida por muitos cidadãos, na Alta Idade Média era de uso quase exclusivo do clero.

A população medieval era composta por uma quase totalidade de analfabetos, havendo registros de reis medievais que não sabiam ler nem escrever, como mostra Zumthor (2001, p.107): "Balduíno II de Guines, um dos grãos-senhores mais instruídos e curiosos do fim do século XII, não sabia ler e mantinha em sua corte *clercs* designados para este ofício."

A Igreja tomou para si a guarda dos livros existentes. Sua conservação, cópia e estudo ficavam a cargo dos clérigos no interior das igrejas, nas celas, nos claustros. A prática de leitura nesses ambientes sagrados tinha uma função clara: a compreensão de Deus e a salvação da alma.

Um elemento histórico que contribuiu para a leitura silenciosa foi a invenção do códice, no século IV. No códice, as páginas seccionavam o texto, podia-se numerá-las e encaderná-las. Isso facilitou a leitura meditada: o leitor, ao contrário do que lhe permitia o *volumen*, podia então retornar a trechos e relê-los sem dificuldade, carregar consigo ou esconder o códice, como fizeram os cristãos primitivos que ocultavam os textos sagrados em suas vestes.

Ao contrário do que podemos pensar, a leitura silenciosa na Alta Idade Média não era praticada constantemente, escrevia-se muito mais do que se lia. Os copistas tinham um trabalho físico imenso; às vezes, um clérigo lia em voz alta e os outros copiavam, trabalho este dificultado pela **nãoseparaçãodaspalavrasdostextos**, que exigia vocalização, olhar e ouvidos atentos sobre as minúcias do que se copiava.

É importante ressaltar que as modalidades de leitura silenciosa e em voz alta não se excluíam, já que, em todas as épocas em que a escrita e seus leitores se fizeram presentes, há indícios da prática das duas modalidades. Cada período teve uma modalidade como prática mais comum, ou mais prestigiada, mas ambas convivem no mundo ocidental até os dias de hoje.

Um outro fator que pesou decisivamente para a prática da leitura silenciosa ocorreu por volta do século XI: foi a criação, pelos copistas irlandeses, dos espaços entre as palavras, marcados com pontos. Para copiar um livro não era mais necessário que um sacerdote o lesse em voz alta e os outros escrevessem. Agora cada um podia percorrer com os olhos seus livros e identificar, rapidamente, cada palavra separada pelo ponto. A relação com o escrito tornou-se mais livre, mais secreta e íntima. A agilidade da leitura foi se intensificando.

Com o renascimento das cidades, entre os séculos XI e XIV, os livros começam a entrar não somente nas igrejas, mas também nas escolas recém criadas. Os livros começam a circular mais livremente, a alfabetização progride, novos escritos são criados para novos leitores.

A leitura escolástica instaura o livro como instrumento não só da sabedoria a ser comentada, conservada, e estudada nas igrejas, mas também, e principalmente, um conhecimento a ser difundido entre os alunos. Para que essa divulgação de textos pudesse acontecer foram feitas transformações nos livros, para facilitar seu uso:

> [...] passa-se a um verdadeiro sistema de técnicas auxiliares de leitura e de consulta do livro destinadas a identificar rapidamente a passagem que se procura: rubricas, sinais de parágrafos, títulos de capítulos, separação entre texto e comentário, sumários [...] (CAVALLO; CHARTIER, 1997, p.22)

através da vidraça da
Escola

É também nesse período que as bibliotecas urbanas começam a ser erguidas, locais nos quais era possível o acesso aos livros, sua consulta, sua leitura. O silêncio era a regra primordial nesse novo ambiente.

Mais adiante, com o nascimento da imprensa, no século XVI, o livro se dissemina. A Bíblia, o primeiro a ser impresso, começa a cair nas mãos, antes vazias, dos fiéis. Concomitantemente, a reforma protestante libera o fiel para a livre interpretação das escrituras sagradas, logo, o crente não depende mais de um mediador eclesiástico. O contato com o texto passa do coletivo para o individual.

Durante o Século das Luzes, em que a elite intelectual passa a enfatizar o poder da razão, a leitura silenciosa ganhou força ainda maior; época em que os filósofos incentivam a liberdade individual, questionando o monopólio do saber da Igreja. Nos séculos XVII e XVIII, em alguns países europeus, as publicações se multiplicaram numa velocidade acelerada, aumentando igualmente o número das bibliotecas. Quanto mais a população se alfabetizava, menos se precisava do leitor público.

A leitura silenciosa ganha, então, um novo *status*. A burguesia não precisava mais ler exclusivamente textos sagrados, ou textos escolásticos, a leitura agora poderia ser de fácil compreensão, uma escrita descomprometida com o saber oficial. Os livros de ficção prosperam nos séculos XVIII, XIX e XX, atingem tiragens nunca antes vistas, a individualidade é marca dessa época, a leitura silenciosa e solitária é a modalidade mais praticada nas cidades.

Como já foi dito, a leitura silenciosa vai conviver com a leitura em voz alta. É a partir do século XVII que "[...] já é possível distinguir nos textos duas maneiras de ler. Uma, em voz alta, lenta, profundamente compreendida e partilhada, é o modelo de leitura, aquele que se deve ensinar. A outra, muda, ávida, individual, é uma leitura superficial." (BAJARD, 1999, p.40)

Essas duas maneiras de leitura tomaram direções diferentes. A leitura silenciosa, que nasceu progressiva e tardiamente, chega a ser enaltecida, na década de setenta do século XX, como forma primeira de leitura. Mas a leitura em voz alta nunca deixou de ter seus fervorosos defensores: "Não sabe ler aquele que não faz amar o livro que ele ama, aquele que só lê baixo para si mesmo, depressa; ele acredita ser rápido, ele devora; sim, mas ele não digere. É leitura em comum que obriga apreciar, a degustar o que se lê." (BUISSON *apud* BAJARD, 1999, p.36)

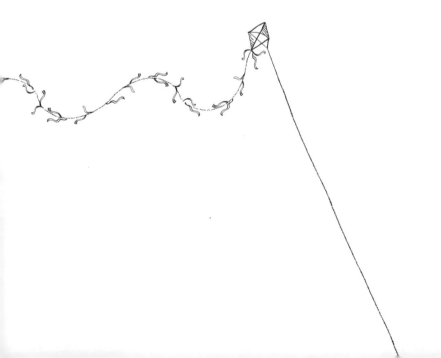

Faces da leitura

A palavra 'leitura' não remete para um conceito, e sim para um conjunto de práticas difusas. É uma palavra de significado vago: por onde começar a examiná-la? Poderia começar como Sartre, em Qu´est-ce que la littérature? [1947]: o que é ler? Porque se lê? Ou como Proust, no seu prefácio a Sessame and Lilies (1968) (duas conferências de Ruskin sobre a leitura), com a descrição das tardes de leitura de sua infância. Duas perspectivas sobre a leitura: uma social, a outra individual, uma política, a outra ética.

Roland Barthes e Antoine Compagnon[14]

[14] BARTHES; COMPAGNON. 1987, p. 184 – 206.

através da vidraça da
Escola

Ler: técnica, prática social e *performance*

63

A leitura envolve um conjunto de práticas codificadas, inseridas num contexto social e histórico; porém, nem mesmo essa conceituação consegue capturar o sentido mais amplo do ato de ler. O que sabemos é que a leitura não é um ato separado, nem somente uma operação abstrata.

A história da leitura se confunde com a história do próprio homem. Já nas criações humanas (pintura, escultura, escrita, entre outras), os olhos do *Homo Sapiens* eram levados a "ler" e compreender estas produções. Porém, quando pronunciamos, atualmente, a palavra leitura e a designamos como uma técnica, nos referimos, num primeiro estágio, a um reconhecimento e interpretação de códigos escritos.

Como já vimos no capítulo I, as mais antigas inscrições codificadas encontradas no mundo são "constituídas de listas, relações, de sacos de grãos, de cabeças de gado, estabelecendo uma espécie de contabilidade do templo" (JEAN, 2002, p.13), ou seja, a escrita nasce da necessidade do homem de contar e organizar o mundo que o circunda.

Os grupamentos humanos que desenvolveram essa nova tecnologia perceberam como ela facilitava algumas questões práticas da vida cotidiana. Era necessário, portanto, ensinar aos indivíduos a técnica de codificação dessa nova ferramenta chamada escrita. "Visto que a leitura é uma técnica, comporta uma aprendizagem, e daí uma pedagogia, que variou conforme os séculos [...]" (BARTHES; COMPAGNON, 1987, p.184).

Antes da chegada da escrita, o homem utilizava-se da memória, com sua multiplicidade de funções, para armazenar e organizar sua vida diária. Esta memória pôde ser "afrouxada" e substituída, em alguns níveis, pelo uso da escrita. Porém, a técnica de codificação não foi disseminada e ensinada a todos, muito pelo contrário, foram poucos os que se submeteram ao rígido aprendizado de atribuir sentido à escrita.

> A instrução não era coisa muito difundida na Mesopotâmia. Mas os escribas, a exemplo de qualquer outro artesão, tinham de submeter-se a um aprendizado que, depois de completado, lhes dava o direito de se chamar dubsar, 'escriba', passando a integrar uma elite privilegiada que olhava os seus concidadãos com desprezo. (HOOKER, 1996, p.55).

Como vemos, a técnica de leitura era reservada a uma minoria, filhos da elite, que tinham um árduo caminho de aprendizagem para, depois, representarem a presença viva da memória coletiva de uma comunidade, ou seja, detinham o poder sobre aqueles "ignorantes", não decifradores da escrita.

Uma aura mágica pairava sobre os escribas: por vontade própria, eles traziam, através de seus olhos, acontecimentos míticos do passado, decretavam leis, expressavam os desejos dos soberanos etc. "Esta técnica procura, assim, dominar o tempo: daí o desenvolvimento mágico da operação: ler os astros, o voo dos pássaros, as entranhas dos animais, os desenhos na areia, as placas córneas da tartaruga etc. equivale a ler o tempo." (BARTHES; COMPAGNON, 1987, p.185) .

Ao longo da história, tal relação de privilégio, força, poder e submissão sempre se manifestou, de algum modo. O aprendizado da

através da vidraça da
Escola

técnica de leitura favorecia a diminuição das desigualdades sociais, e é por isso que a alfabetização sempre esteve vinculada a lutas político-sociais.

Como também já vimos no capitulo I, a leitura foi, por muitos séculos, uma ação que requeria a presença do corpo. A leitura em voz alta, necessária à compreensão do texto escrito que não comportava, ainda, a separação de palavras por espaços entre elas, demandava grande esforço físico da boca, do ouvido, dos olhos, da mente. Além da leitura em voz alta com o intuito da compreensão do texto escrito, tinha-se ainda a arte de dizer os textos a uma plateia, dizer que ecoava por inteiro no corpo do "leitor".

> Mas se ele pensar no teatro como meio de expressão, verá que enquanto o veículo da poesia são PALAVRAS, o veículo do teatro são pessoas em movimento sobre o palco usando palavras. Isto é, as palavras constituem apenas uma parte do veículo, e as lacunas entre elas, ou as deficiências dos seus significados, podem ser preenchidas por "ação". (POUND, 2001, p.48)

Com a passagem da leitura em voz alta para a solitária e silenciosa, podemos pensar que a *performance* desaparece por completo, o corpo emudece juntamente com a língua. Mas ao ficarmos atentos a esse processo de leitura silenciosa, em que parece que só os olhos saltam pelas palavras, perceberemos que o corpo está presente, diferentemente do que na leitura em voz alta ou na "contação" de histórias: "Algumas vezes, em casa, no meu leito, muito tempo depois do jantar, as últimas horas da noite, antes de adormecer, abrigavam também minha leitura [...]" (PROUST, 1991, p.22).

Além da postura, "a *performance* na leitura muda a estrutura do sentido." (ZUMTHOR, 1990, p.81). Para esse autor, o corpo do sujeito é a medida de seu mundo, é por ele que o sentido é percebido. A visão e a audição não são apenas órgãos de registros externos, mas também meios de conhecimento. A leitura de um texto é a escuta de uma voz outra, que se confunde com a nossa, e o leitor, "no ato de escutar e por esta escuta, refaz em corpo e em espírito o percurso traçado pela voz do poeta..." (ZUMTHOR, 1990, p.95).

O livro não é somente um papel marcado com tintas pretas, apenas um texto que chega objetivamente aos nossos olhos. É um objeto concreto que tem cheiro, volume, cor, textura. Portanto, a leitura que fazemos dele nunca será neutra. Toda a concretude do livro, todos os desejos frente ao texto e ao ambiente escolhido para lê-lo, toda a trajetória até tomar o livro nas mãos repercute no corpo físico e no imaginário do leitor.

Os primeiros encontros com os livros acontecem no campo das sensações: "Eu quis começar na mesma hora as cerimônias de apropriação. Peguei os dois volumezinhos, cheirei-os, apalpei-os, abri-os negligentemente na 'página certa', fazendo estalar." (SARTRE, 2000, p.34).

Quando começamos a crescer, porém, esse conhecimento através das sensações é, muitas vezes, reprimido socialmente. Alguns educadores acreditam que um "bom" leitor não deve explorar o livro através de seu corpo, tão somente através de seus olhos. Mas sabemos que não é assim que acontece.

Algumas leituras provocam estremecimentos, palpitações, melancolias, felicidades. No conto *Felicidade Clandestina*, de Clarice Lispector, vemos como o anseio por uma leitura e seu ato não estão no campo da neutralidade:

através da vidraça da
Escola

> Era um livro grosso, meu Deus , era um livro para se ficar vivendo com ele, comendo-o, dormindo-o [...] Chegando em casa, não comecei a ler. Fingia que não o tinha, só para depois ter o susto de o ter [...] Às vezes sentava-me na rede, balançando-me com o livro aberto no colo, sem tocá-lo, em êxtase puríssimo. (LISPECTOR, 2001, p.312-314)

No livro *O Rumor da Língua*, Barthes (1988, p.42-49) afirma: "ler é trabalhar o nosso corpo [...] na leitura todas as emoções do corpo estão presentes, misturadas, enroladas: a fascinação, a vagância, a dor, a volúpia...". Barthes tem razão quando diz que não existe uma leitura totalmente objetiva nem totalmente subjetiva, ela está, sim, no campo da ludicidade. A leitura é o brincar com as palavras, entendendo o brincar não como mera distração, mas como atividade dinâmica, explicitadora de desejos manifestos e latentes, uma válvula de escape emocional, entre tantas outras características, que é levada muito a sério por todos que dela participam.

Ler: método, escola e fruição

Todos sabem que a aquisição da habilidade da leitura é vital em qualquer sociedade ocidental. Os signos gráficos encontram-se por todos os lados e sua decifração é o primeiro passo em direção a uma inclusão social; por isso a escola tornou-se fator decisivo na vida de milhões de pessoas.

Acredito que a experiência de aprendizagem da leitura que a criança vive dentro da escola é determinante para a sua vida em geral. Sabemos que, na maioria dos lares, as famílias não conseguem criar um ambiente propício a uma aproximação significativa com a experiência da leitura, o que deixa à escola o peso dessa responsabilidade.

A criança, ao entrar no circuito educacional, começa a perceber o grau de importância que se dá a esta habilidade chamada leitura.

> [...] logo ficar-lhe-á marcado o fato de que nada da totalidade do que se aprende na escola se compara, em importância, com a leitura. A leitura é de significação sem paralelos. Esta é a razão por que é importante a maneira como a leitura é ensinada. A maneira como a aprendizagem da leitura for experienciada pela criança determinará o modo como ela perceberá a aprendizagem em geral; a maneira como ela passará a perceber-se a si mesma como um aprendiz e mesmo como uma pessoa. (BETTELHEIM; ZELAN, 1992, p.16)

Dentro da sala de aula, a criança poderá desabrochar para o mundo dos significados, ou ficar apenas na superfície plana das palavras. Grande parte desse processo dependerá de como o professor apresentará a leitura e a literatura aos seus alunos. Caso a aprendizagem da leitura se vincule a processos prazerosos, relacionados com a vida real e imaginária do aluno, o esforço exigido na sua aprendizagem terá algum sentido, já que levará ao sujeito um canal inesgotável de informação, conhecimento, divertimento, crescimento etc.

A alfabetização das crianças pequenas tem sido executada de forma tal que leva os alunos a acreditarem que essa tarefa, que exige esforços de todos, seja importante somente para a decifração de textos, o que muitas vezes não tem relação alguma com seus anseios e sonhos.

> Já desde o princípio a criança deve estar convicta de que o domínio de tais habilidades não é senão um meio para alcançar uma meta e que a única coisa importante é que ela deve tornar-se alfabetizada em seu sentido pleno – isto é, vir a desfrutar da literatura e a beneficiar-se com aquilo que esta oferece. (BETTELHEIM; ZELAN, 1992, p.18)

Bettelheim e Zelan (1992, p.19), apresentam uma notável reflexão sobre o aprendizado da leitura, numa perspectiva que considero esclarecedora. Para esses autores, as crianças que têm uma família que aprecia os livros e sua leitura, "adquiriram um amor pela leitura quando em casa lhes era lido algum texto." Parece algo simples, mas não é, já que envolve experiências de aprendizagem positivas dos próprios pais das crianças.

> Impressionada pelo interesse de seus pais na leitura e no prazer que eles demonstram ao ler em voz alta para ela, a criança passa a estudar com agudo interesse as histórias que a fascinam. Então, por iniciativa própria, ela começa a escolher palavras e aprende a reconhecê-las com a ajuda de seus pais, ou de um irmão mais velho. Desta forma, a criança ensina a ler a ela mesma. (BETTELHEIM; ZELAN, 1992, p.19)

A citação acima vem ao encontro de minhas constatações. A leitura em voz alta, feita de modo desejante, tematizando textos literários, histórias densas de significados, aproximam as crianças, e não somente elas, do mundo das letras. Tais crianças quando chegam à escola demonstram maior disponibilidade para a aprendizagem da leitura. Já as que não têm esta vivência familiar, a maioria, são colocadas, dentro da sala de aula, frente a textos vazios de significação, quase sempre objetivando apenas a decodificação e o reconhecimento das palavras.

Percebo, muitas vezes, que os próprios professores não mostram interesse pelos textos escolhidos para alfabetizar; acabam escolhendo textos literariamente pobres, que menosprezam a inteligência alheia, o que não impede, porém, que cumpram a função de alfabetizar uma certa porcentagem da classe. Com certeza, os alunos, depois de muito esforço em cima desses textos, aprendem a identificar e a vocalizar palavras, mas o preço a ser pago nesse processo é a sensação de um trabalho árduo realizado com poucas gratificações e parco envolvimento, bem na contramão do que preceituam Bettelheim e Zelan (1992, p.28):

> Se, antes de se concentrar no desenvolvimento de habilidades de leitura, os esforços educacionais desde o início fossem concentrados no desenvolvimento do desejo de se tornar leitor – essencialmente, uma atitude interna para a leitura – o resultado final poderia ser que um segmento maior da população de adultos se tornaria efetivamente um segmento maior de reais leitores. Em nossa situação atual, a maioria dos adultos são capazes de ler, porém veem pouca finalidade na leitura, além de obter alguma informação específica [...]

No processo de alfabetização tradicional, feito essencialmente a partir do reconhecimento e da decodificação de palavras e frases, os alunos são levados a acreditar que a leitura é um esforço que não vale a pena ser empreendido. Por que não introduzir as crianças no mundo amplo das significações das palavras a partir dos textos literários? Lembro de uma ideia ouvida numa palestra do escritor

através da vidraça da
Escola

Ziraldo, que propunha que a 1a série do fundamental deveria ser apenas um encontro dos alunos com os mais diversos livros de literatura. O encontro seria mediado pelos professores, que leriam em voz alta esse rico patrimônio chamado literatura.

Falei reiteradas vezes da importância da leitura, em voz alta, de literatura, mas acho importante ressaltar sempre que o professor tem papel crucial nesse processo. Somente professores que efetivamente abordam o texto literário poderão favorecer o desabrochar de alunos desejantes de leituras significativas. Os professores talvez enfatizem muito para seus alunos a importância prática da leitura e deixem de lado o valor imaginativo essencial dessa prática, ou seja, do compartilhamento de segredos adultos guardados por séculos dentro de livros: "[...] sem professores que leiam, que gostem de livros, que sintam prazer na leitura, muito dificilmente modificaremos a paisagem atual da leitura escolar." (SILVA, 1998, p.22)

As crianças, desde a mais tenra idade, deveriam saber que a leitura é capaz de abrir um mundo repleto de experiências e possibilidades. O desvelar dos mistérios do mundo e da nossa própria vida interior deveria ser o objetivo principal da aprendizagem da leitura. A ânsia pela vida, a curiosidade estonteante das crianças, encontram um refúgio na leitura de livros de literatura.

Os alunos, mesmo os menores, são cheios de vida, fantasia, frustrações, temores, alegrias, tristezas; vivem, diariamente, experiências novas. Então por que dar-lhes textos que ignoram por completo essa complexidade humana? Por que não lhes damos textos que contemplem as lutas e os conflitos que vivem no seu cotidiano, por que não lhes damos textos que contenham tristeza, enfim, emoções universais? Por que não iniciar sua aprendizagem da leitura com textos que ressoem dentro da alma infantil?

> Se quisermos induzir as crianças a se tornarem leitores, nossos méto-
> dos de ensino devem estar em concordância com a riqueza do vocabu-
> lário falado pela criança, em concordância com a sua inteligência, com
> sua curiosidade natural, sua ânsia de aprender novas coisas, seu desejo
> de desenvolver a sua mente e sua compreensão do mundo, e seu desejo
> ávido de que se estimule a sua imaginação – em resumo, tornando a
> leitura uma atividade de interesse intrínseco. (BETTELHEIM; ZELAN,
> 1992, p.35)

Toda essa reflexão sobre a aprendizagem da leitura encontra forte respaldo na minha prática educativa. Tenho visto frequentemente como as crianças ficam "enfeitiçadas" quando ouvem histórias de qualidade, lidas pelos seus professores. É como se elas tivessem parado no tempo, esquecidas de como eram e de como são, apenas vivendo a narrativa como se fosse real. O problema está em que há professores que acreditam serem esses momentos apenas para "acalmar" a turma, para "dar um respiro" num dia puxado, enfim, como um prêmio por bom comportamento.

A percepção é clara, a leitura dessas histórias realmente acalma, instaura um novo clima na sala de aula, silencia os ruídos infantis, entre outros muitos efeitos benéficos observados e invisíveis. Sabemos que as crianças amam as histórias, que demonstram tamanho interesse só igualado por outras poucas atividades da sua vida; então, por que ainda se insiste em usá-las somente como meio de barganha? Por que não a tornamos o centro do ensino da leitura?

através da vidraça da
Escola

A literatura originou-se dentro do mundo sacralizado dos homens, a magia e os segredos da origem da vida e da morte, entre tantas outras experiências humanas, eram relatados em voz alta à comunidade. O homem criou narrativas impregnadas de intento religioso, no sentido de que as palavras proferidas naquelas narrativas propiciavam uma re-ligação com forças maiores da natureza e da alma dos deuses, ou seja, da alma humana.

Quando aquelas narrativas transbordaram para o papel, o conteúdo mágico/sacralizado manteve-se preso à interpretação dos sinais gráficos. A Bíblia, que é uma das herdeiras dessas narrativas orais, foi, por muitos séculos, o principal instrumento de alfabetização das crianças. Imaginamos que o processo de aprendizagem da leitura através das palavras sagradas fazia sentido muito grande para os aprendizes, que reconheciam a riqueza e a familiaridade daquelas narrativas.

A literatura atual, herdeira dos antigos narradores orais, não nasceu da necessidade de ensinar e sim da necessidade de comunicar, e comunicando é que ela ensinava. Poder aprender a ler com a literatura é "simplesmente uma prova a mais de que as crianças devem aprender a ler com textos que elas percebem como merecedores de sua atenção e de seus mais determinados esforços." (BETTELHEIM; ZELAN, 1992, p.58). O aprendizado é uma atividade trabalhosa, mas, antes de tudo, deveria ser saborosa.

Emilia Ferreiro também desenvolve uma concepção de aprendizagem da leitura ligada à magia. Segundo essa autora, a relação entre as palavras escritas e a linguagem, nos primeiros anos infantis, é uma relação mágica que envolve um mediador, a criança e as palavras escritas. Ao ler em voz alta uma história significativa para a criança, o adulto informa ao seu ouvinte que as palavras escritas possuem qualidades extraordinárias: basta olhá-las para emitirmos sons vocais que nos agradam.

A criança, curiosa que é, percebe que o transbordamento de linguagem saída da boca adulta tem a ver com as marcas escritas; por conseguinte, essas marcas tornam-se objeto de desejo infantil. É evidente que a linguagem utilizada nesse processo é a literária, aquela que causa estranhamento, que se diferencia da fala cotidiana, que possui *status* mágico.

> Hay niños que ingresan a la lengua escrita a través de la magia (una magia cognitivamente desafiante) y niños que entran a la lengua escrita a través de un entrenamiento consistente en 'habilidades básicas'. En general, los primeros se convierten en lectores; los otros tienen un destino incierto. (FERREIRO, 2001; p.27)

A magia, diz Ferreiro, está também no fato de a criança perceber que, ao solicitar novamente a audição do texto, este se repete exatamente da mesma maneira. A escrita não é escorregadia como a fala, ela conserva sempre o mesmo corpo. A criança descobre que pode se deliciar com essa característica do texto, ao ouvir pela primeira vez uma história lida e experimentar prazer, medo, tristeza, alegria; poderá buscar novamente tais sensações, primeiramente, pedindo que contem, novamente, as mesmas histórias e, posteriormente, descobrindo que, ao aprender a ler, poderá buscar aquelas emoções quantas vezes quiser, solitariamente.

No Brasil atual, o discurso pedagógico governamental concorda que a leitura não "é simplesmente decodificar, converter letras em sons...". Os Parâmetros Curriculares Nacionais definem que a leitura...

através da vidraça da
Escola

[...] é um processo no qual o leitor realiza um trabalho ativo de construção do significado do texto, a partir dos seus objetivos, do seu conhecimento sobre o assunto, sobre o autor, de tudo o que sabe sobre a língua: características do gênero, do portador, do sistema de escrita, etc. (PCN, 1997, p.42).

Mas, repito, a distância entre essa proposta de entendimento da leitura e o que está ocorrendo na prática educativa brasileira é muito grande.

Zilberman (1999, p.39), pesquisadora brasileira, ao abordar a temática da alfabetização, afirma que a escola

[...] tem interpretado esta tarefa de um modo mecânico e estático. Dota as crianças do instrumental necessário e automatiza seu uso [...] Ler confunde-se com aquisição de um hábito e tem como consequência o acesso a um patamar do qual não mais se consegue regredir [...]

Todos os autores citados concordam num ponto: a aprendizagem da leitura deveria sempre buscar na literatura um campo fértil para o desenvolvimento de um sujeito verdadeiramente leitor.

A obra de ficção avulta como modelo por excelência da leitura. Sendo uma imagem simbólica do mundo que se deseja conhecer, ela nunca se dá de maneira fechada e completa. Pelo contrário, sua estrutura, marcada pelos vazios e pelo inacabamento das situações e figuras propostas, reclama a intervenção de um leitor, o qual preenche estas lacunas, dando vida ao mundo formulado pelo escritor. À tarefa de decifração implanta-se outra: a de preenchimento, executada particularmente por cada leitor, imiscuindo suas vivências e imaginação. (ZILBERMAN, 1999, p.41)

O ensino da leitura na escola deveria fazer uso constante da literatura, pois é nela que o aluno encontrará o eco de sua e de outras vozes, nela poderá contemplar a riqueza e a diversidade de experiências humanas acumuladas por milênios. E é somente assim, no encontro com as palavras que subvertem a fala cotidiana, que o esforço despendido na aquisição da leitura fará algum sentido para o aluno.

> Toda ação pedagógica, quer seja de escolarização inicial ou de formação de adultos, necessita então ser repensada, pois não se trata mais de métodos próprios para preencher lacunas, mas de reconstrução de sentidos. É exatamente o que nos dizia uma pessoa de cinquenta anos, terminando sua reaprendizagem da leitura, ao responder à nossa pergunta sobre o que havia sido determinante, no seu caso, para a reaprendizagem: "no início do estágio, a responsável falou comigo de literatura!" (BIARNÉS, 1998, p.137)

Como podemos ver, a leitura não é um dom, um talento especial que nasce com a pessoa. Ela está inserida numa prática social e requer esforços de todos aqueles que estão envolvidos no processo de aprendizagem dos alunos. Os autores já citados também concordam com a proposição de que a leitura deve ser aprendida no próprio ato de ler. Tal postura está explícita nos PCNs (1997, p.42):

> Para aprender a ler, é preciso que o aluno se defronte com os escritos que utilizaria se soubesse mesmo ler — com os textos de verdade, portanto. Os materiais feitos exclusivamente para ensinar a ler não são bons para aprender a ler: têm servido apenas para ensinar a decodificar, contribuindo para que o aluno construa uma visão empobrecida da leitura.

através da vidraça da
Escola

Mas a *"visão empobrecida da leitura"* é ainda o que ocorre em muitas escolas brasileiras. Um dos motivos que apresentaria para tentar explicitar essa constatação é o fato de que o uso da literatura como ferramenta de ensino introduz uma possibilidade de subversão com a qual a escola não consegue lidar muito bem: "... a liberdade de leitura, qualquer que seja o preço a pagar, é também a liberdade de não ler." (BARTHES, 1988, p.46)

Os professores não conseguem controlar o que a literatura desencadeia nos seus leitores; assim, o que deveria ser a chave do sentido da letra, torna-se o temor do surgimento de um sujeito pensante, crítico, questionador dos próprios textos que lhe são facultados. Talvez seja por isso que, na história da leitura, houve uma separação bem nítida, principalmente com o advento do romance, da leitura "fruição", feita fora da escola, e da leitura "chata", séria e nobre, exercida dentro das salas de aula. Fora da escola, os livros de literatura podiam ser devorados a bel-prazer do leitor, sua leitura era gratuita, solitária.

Socialmente, essas leituras não escolares eram aceitas até um determinado ponto. Existia, e ainda existe, em algumas situações, uma preocupação com sujeitos que são absorvidos demais pela leitura de livros de literatura. Houve épocas em que se atribuía ao excesso de leitura doenças físicas e psíquicas e os leitores "viciados" tinham até mesmo que esconder suas práticas.

Quando se trata de criança, então, a coisa fica mais complicada ainda. "Pare de ler menino, vai brincar! Pare de ler, se não vai ficar doidinho que nem seu tio! Quem lê muito se afasta da realidade, fica voando nas nuvens..." É a desconfiança a que alude Larrosa (2000, p.11):

Quanto ao controle pedagógico da leitura, penso que se poderia percorrer quase toda a história do pensamento pedagógico como uma história da desconfiança em relação à experiência selvagem, não-controlada da leitura, e como uma história da invenção de mecanismos para conjurar seus perigos.

Graças às leituras livres, feitas nos campos, em quartos úmidos e fétidos, em prisões e castelos, em navios e cavernas, em bibliotecas e cozinhas, é que surgiram autores de grande porte no mundo literário. Proust é um dos exemplos de como essas leituras moldaram para sempre seu gênio criativo.

> Talvez não haja na nossa infância dias que tenhamos vivido tão plenamente como aqueles que pensamos ter deixado passar sem vivê-los, aqueles que passamos na companhia de um livro preferido. Era como se tudo aquilo que para os outros os transformava em dias cheios, nós desprezássemos como um obstáculo vulgar a um prazer divino [...] tudo isso que a leitura nos fazia perceber apenas como inconveniências, ela as gravava, contudo, em nós, como uma lembrança tão doce (muito mais preciosa, vendo agora à distância, do que o que líamos então com tanto amor) que se nos acontece ainda hoje folhearmos esses livros de outrora, já não é senão como simples calendários que guardamos dos dias perdidos, com a esperança de ver refletidos sobre as páginas as habitações e os lagos que não existem mais. (PROUST, 1991, p.10)

Nem mesmo Proust escapou do preconceito adulto em relação ao afinco apaixonado que ele dedicava às suas leituras: "Então, arriscando ser punido se fosse descoberto e ter insônia que, termi-

através da vidraça da
Escola

nado o livro, se prolongava, às vezes, a noite inteira, eu reacendia a vela, assim que meus pais iam deitar [...]" (PROUST, 1991, p. 22)

Foi nesse percurso de leitura que Proust descobriu a importância da literatura para a formação do homem. A leitura literária de boa qualidade possuía características fundamentais no processo de desenvolvimento humano:

> E nisto reside, com efeito, um dos grandes e maravilhosos caracteres dos belos livros (que nos fará compreender o papel, ao mesmo tempo essencial e limitado que a leitura pode desempenhar na nossa vida espiritual) que para o autor poderiam chamar-se Conclusões e para o leitor Incitações. Sentimos muito bem que nossa sabedoria começa onde a do autor termina, e gostaríamos que ele nos desse respostas, quando tudo o que ele pode fazer é dar-nos desejos. (PROUST, 1991, p.30)

Leitura: desejo

No conto de Clarice Lispector sobre a felicidade clandestina e solitária da leitora de *Reinações de Narizinho*, observamos como o desejo e o erotismo são postos em movimento naquilo que envolve o ato de ler, principalmente, literatura. O erotismo da leitura não pertence somente aos olhos, ele é distribuído por outras regiões sensoriais, da posse física do livro ao seu odor.

Barthes observou que, ao apartar-se do mundo para a leitura de um livro, o sujeito executa uma ação libidinal similar àquela de nos apaixonarmos por alguém. O sujeito amoroso, no dito popular, "está cego de amor", ou seja, o mundo real é substituído por um "registro do Imaginário" (BARTHES, 1988, p.48). O sujeito leitor "tem olhos só para o livro e mais ninguém"; ele pode estar no ônibus repleto de gente, na fila do banco, interminável, no quarto vazio, na grama do parque..., o desejo estará voltado para o objeto em suas mãos, além e ao redor dele, o mundo não faz sentido.

O desejo remete à busca por prazer, tarefa contínua do ser humano. Porém, a *"busca do tempo perdido"* não é missão fácil. Na maioria das vezes, o que conseguimos é afastar o desprazer, e já com isso nos contentamos. Buscamos prazeres similares aos que sentimos na nossa infância, mães amorosas que nutriam nosso corpo, alma e imaginação. Entretanto, nunca mais encontraremos aqueles momentos primeiros, vasculharemos a vida inteira experimentando situações que, pelo menos, remetam àqueles "gloriosos" dias.

A leitura de um livro pode fazer parte desta busca por prazer, o livro transformado num *objeto transicional*[15], uma ilusão gratificante. Aquele cobertorzinho em que vivíamos grudados, levando-o a todos os cantos, dormindo com ele e que exalava toda a presença viva da mãe, é agora substituído, entre tantos objetos, pelo livro que carregamos por todos os cantos, que dorme ao nosso lado.

Para Winnicott (1975), a criança, depois de abandonar os seus objetos transicionais, continua buscando situações em que, a partir do imaginário, ela recupere, em parte, sensações gratificantes. A brincadeira seria uma dessas situações, um espaço potencial, entre outras coisas, de aproximação com experiências prazerosas primárias. Como já disse, Barthes coloca a leitura no campo da ludicidade; portanto, existe uma parcela considerável de erotismo nesse empreendimento.

[15] Termo usado por D.W. Winnicot para definir uma área intermediária de experiência que busca substitutos para a verdadeira relação objetal.

através da vidraça da
Escola

Este erotismo da leitura, segundo Barthes, pode explicitar-se por três vias. A primeira seria a relação fetichista estabelecida entre o leitor e determinadas palavras e seus arranjos no texto. Este encontro causaria deslumbramento, fascinação, estranhamento; a leitura de poesia seria um exemplo disso.

A segunda forma da leitura-prazer estaria ligada ao romance, a narrativa que acompanhamos com ansiedade, sofreguidão, felicidade e, principalmente, na expectativa dos acontecimentos, no mistério e no suspense do *a posteriori*. É o prazer escópico, de olhar no buraco da fechadura e vislumbrar, curiosamente, o desenrolar da trama.

A terceira via de prazer da leitura, conta-nos Barthes, é o desejo que provocaria no leitor a ação de escrever. O desejo de escrever não seria o de imitar o autor da obra lida, "o que desejamos é apenas o desejo que o escritor teve de escrever: desejamos o desejo que o autor teve do leitor enquanto escrevia, desejamos o ame-me que está em toda a escritura." (BARTHES, 1988, p.50). Na terceira via de prazer, a leitura desencadeia um desejo de produzir, prazer convertido em trabalho. "[...] o produto consumido é devolvido em produção, em promessa, em desejo de produção, e a cadeia dos desejos começa a desenrolar-se, a cada leitura valendo pela escritura que ela gera, até o infinito." (BARTHES, 1988, p.50)

A leitura, nesta perspectiva, busca as marcas do sujeito, os traços que podem ser feitos a partir de várias leituras, a escritura que demarca o sujeito no mundo e o coloca frente aos desafios da vida. Portanto, aqueles que dizem que a teoria de Barthes é hedonista, que leva a um "oba-oba" da leitura, não compreenderam que, para ele "não será possível libertar a leitura se, com um mesmo movimento, não libertarmos a escritura." (BARTHES, 1988, p.50). No próximo capítulo, então, falo sobre a *escritura* que é o objeto de meu trabalho: Literatura.

A literatura, sua presença, sua necessidade?

> Literatura é uma linguagem específica que, como toda linguagem, expressa uma determinada experiência humana, e dificilmente poderia ser definida com exatidão. Cada época compreendeu e produziu literatura a seu modo. Conhecer esse 'modo' é, sem dúvida, conhecer a singularidade de cada momento da longa marcha da humanidade em sua constante evolução.
>
> Nelly Novaes Coelho[16]

[16] COELHO, 2000.

através da vidraça da
Escola

O fenômeno literário:
diferentes olhares

83

Pensar o fenômeno literário é pensar o fenômeno da existência humana, um desafio, portanto, complexo e polêmico. O que interessa, aqui, é mostrar um pouco desse quadro teórico aproximando-nos de algumas definições que contribuam para o entendimento da formação do leitor.

Um dos pressupostos com que concordo é que o fenômeno literário é conceitualmente dinâmico, como qualquer construção humana que sofra as influências do contexto histórico e social. Até mesmo a valorização de um texto, sua ascensão à categoria de peça da literatura está sujeita a mudanças. Um exemplo disso é o conceito de literatura na Inglaterra do século XVIII. A ideologia dominante estabelecia o selo de literatura de acordo com os valores e apreciações de uma determinada elite. Os romances populares, o drama, entre outros, não eram considerados literatura, sendo de procedência "inferior", nada poderiam acrescentar à cultura de uma elite que buscava se caracterizar como aristocrática. Pode-se perceber que, em sua história, a literatura traz, entre outras, as marcas identitárias de seu tempo.

Os formalistas russos, como Jakobson, diziam que a literatura não se define pelo seu texto ficcional, mas pelo fato de a linguagem utilizada na sua criação ser muito peculiar. "Segundo esta teoria, a literatura é a escrita que, nas palavras do crítico russo Roman Jakobson, representa 'uma violência organizada contra a fala comum'." (EAGLETON, 2001, p.2)

A literatura transformaria e intensificaria a linguagem comum. A fala cotidiana seria o outro lado da moeda da literatura: perceberíamos a presença de um texto literário quando este causasse um "estranhamento" em relação à fala do dia-dia. Para os formalistas, a linguagem literária se organizava de um modo particular, ela tinha seus próprios mecanismos, estruturas, leis – e era isso que os interessava. Eles não negavam a relação da obra literária com o campo social, apenas diziam que a crítica literária não tinha essa função de denunciar as ideologias por trás das obras.

Para os estruturalistas, que foram influenciados pela obra do fundador da linguística moderna, Ferdinand de Saussure, não importava, para a análise da obra, o seu valor cultural. Podia-se analisar tanto *Crime e Castigo* como *Sabrina*, com a mesma isenção, o método era analítico e não avaliativo. Esse método não se importava com o conteúdo da narrativa; procurava isolar suas estruturas mais profundas, ou seja, o conteúdo se tornava a própria estrutura. Tanto os formalistas russos como os estruturalistas caminhavam num campo de estudo no qual o signo se tornava um objeto autônomo de pesquisa.

Essa racionalidade extrema perante a obra literária fortaleceu uma corrente contrária ao estruturalismo. Mikhail Bakhtin, filósofo e teórico literário russo, foi um dos principais críticos do método estrutural de análise literária. Para ele, o signo não deveria ser estudado como um ente neutro e sim como um produto da contradição humana. A luta pelo poder das diferentes classes sociais, as ideologias dominantes, o desenrolar de situações históricas impregnavam o signo com variados significados: "A ciência literária deve, acima de tudo, estreitar seu vínculo com a história da cultura. A literatura é uma parte inalienável da cultura, sendo impossível

através da vidraça da
Escola

compreendê-la fora do contexto global da cultura numa dada época." (BAKHTIN, 2000, p.362)

A luta ideológica seria o habitat da linguagem. Os valores e ideias de determinados grupos eram transmitidos, veiculados, pelos signos que produziam. Segundo Bakhtin, os estruturalistas: "[...] ignoram que não é dentro de campos fechados em sua própria especificidade, mas por onde passa a fronteira entre campos distintos que o fenômeno cultural é vivido com mais intensidade e produtividade." (BAKHTIN, 2000, p.363)

Bakhtin afirmava que não poderíamos nunca nos esquecer de que a linguagem sempre faz parte de estruturas mais amplas: sistemas políticos, ideológicos, econômicos, e que o fenômeno literário não é apenas reflexo dessas estruturas mais amplas que cercam a produção do texto. Para o pesquisador russo, a obra literária finca suas raízes num passado remoto: "As grandes obras da literatura levam séculos para nascer, e, no momento em que aparecem, colhemos apenas o fruto maduro, oriundo do processo de uma lenta e complexa gestação." (BAKHTIN, 2000, p.364)

O estudo da literatura não poderia contentar-se em analisar apenas as condições da época em que foi concebida, isto seria "condenar-se a jamais penetrar na sua profundeza de sentido." (BAKHTIN, 2000, p.364).

A temporalidade é um conceito de Bakhtin que me interessa, pelo fato de trazer as vozes do passado, o popular, como parte do *constructo* literário erudito. Nesse conceito, a obra literária é fruto de um passado que a traz para o presente e a projeta para um futuro. Ficar no presente, na contemporaneidade, significaria a morte da obra literária. Ele dá o exemplo da temporalidade na obra de Shakespeare:

> Os tesouros de sentido colocado por Shakespeare em sua obra foram elaborados e acumulados no correr dos séculos, e até dos milênios; estavam ocultos na língua – e não só na língua escrita, mas também naqueles estratos da língua popular que antes de Shakespeare, não haviam penetrado na literatura –, ocultos na variedade dos gêneros e das formas da comunicação verbal, nas formas poderosas da cultura popular que se moldava ao longo dos milênios, nos gêneros do espetáculo teatral, nos temas que remontam a uma antiguidade pré-histórica, e, finalmente, nas formas de pensamento. Shakespeare, como todo artista, construía sua obra a partir de formas carregadas desse sentido, e não a partir de elementos mortos, de tijolos prontos. (BAKHTIN, 2000, p.365)

Lendo *As Metamorfoses*, de Ovídio (traduzido por Bocage), percebemos esta temporalidade de que Bakhtin nos fala. No capítulo *A Morte de Píramo* e *Tisbe*, aparece o mesmo enredo que seria usado por Shakespeare em *Romeu e Julieta* que, por sua vez, também seria usado em tantas outras variações da literatura ocidental. E não foi Ovídio, primeiramente, quem criou o enredo do amor impossível; ele o recontou a partir dos mitos gregos, que são a expressão e criação coletiva e oral de um povo.

Seguindo o conceito de temporalidade, Bakhtin afirmava que a literatura era tão ilimitada quanto o universo, já que cada época imbuía-se de novas interpretações. O autor é preso à sua época, mas a obra está solta, pendurada no fio da história, existindo numa profundidade de sentidos infinitos que se renovam a cada nova leitura.

Já para a estética da recepção, o interesse voltou-se para o efeito que uma obra causa no leitor, sem o qual (leitor) não haveria literatura; uma das correntes dessa teoria, representada, entre outros, pelo

através da vidraça da
Escola

autor alemão Wolfgang Iser, assume que o leitor preencheria lacunas fazendo conexões implícitas ao se deparar com o texto, que constitui, nada mais nada menos, do que uma sequência de marcas no papel.

> [...] é só na leitura que a obra enquanto processo adquire seu caráter próprio. Por isso, a seguir nos referiremos à 'obra' apenas quando esse processo de constituição se realiza na constituição exigida do leitor e estimulada pelo texto. A obra é o ser constituído do texto na consciência do leitor. (ISER,1996, p.51)

O texto literário na estética da recepção não tem *status* de texto objetivo e nem de uma experiência subjetiva, mas sim uma construção virtual contendo lacunas, buracos e indeterminações. O objeto literário instruiria e a leitura construiria, reduziria e suprimiria essas falhas e buracos do texto.

Fazendo parte de outra corrente da teoria da recepção, o crítico francês Roland Barthes, influenciado por Saussure e pela psicanálise, fala de um leitor que se relaciona com o texto eroticamente. É o sujeito leitor desejante. Barthes assume que todo texto é conotativo, ou seja, a escrita teria sempre a função simbólica de gerar a polissemia de sentidos que seriam atribuídos pelo leitor.

A dialética do desejo "barthesiana" focava seu estudo nos textos modernos, diferenciando-os dos textos do passado (tragédias, romances, entre outros). O leitor criaria um espaço, um vazio, dentro destes textos e, através desse ato, seria recompensado com o prazer e a fruição. O texto de prazer seria aquele que vem da cultura e nos anima, sua leitura seria repleta de significados. Já o texto fruição – e aqui Barthes se refere aos textos vanguardistas – seria:

> [...] aquele que põe em estado de perda, aquele que desconforta (talvez até um certo enfado), faz vacilar as bases históricas, culturais, psicológicas, do leitor, a consistência de seus gostos, de seus valores e de suas lembranças, faz entrar em crise sua relação com a linguagem. (BARTHES, 1996, p.22)

Ao julgar o texto segundo o prazer, Barthes não fez análises valorativas do texto literário; a análise se concentrava no corte feito pelo leitor na escritura, corte que abria uma possibilidade de encontro com o texto. Contrariamente, por exemplo, a Bakhtin, Barthes assume que "o prazer do texto não tem preferência por ideologia." (BARTHES, 1996, p.43). A ideologia passaria pelo leitor do texto como uma sombra, que acompanha o sujeito, mas não constitui o sujeito em si.

A crítica normalmente feita a Barthes é que sua concepção apresenta uma experiência privada, a-social, desarticulada das condições históricas do sujeito-leitor. O que chama atenção na teoria de Barthes é a importância atribuída à "escritura em voz alta." (BARTHES, 1996, p.85) A voz corporificaria a escritura, traria para fora as pulsões, os desejos, a melodia, a carne viva da letra:

> [...] que a voz, que a escritura sejam frescas, flexíveis, lubrificadas, finamente granulosas e vibrantes como o focinho de um animal, para que consiga deportar o significado para muito longe e jogar, por assim dizer, o corpo anônimo do ator em minha orelha: isso granula, isso acaricia, isso raspa, isso corta: isso frui. (BARTHES, 1996, p.86)

Através desse rápido olhar sobre o fenômeno literário, podemos concluir que, num primeiro momento, a crítica foca seu olhar no

através da vidraça da
Escola

produtor do texto literário: o autor; num segundo momento, o que importa é o texto e, num terceiro momento, o olhar se volta para o leitor. O interessante é que o leitor sempre foi menos prestigiado na história recente da teoria literária, porém, sem a sua presença não existiria nem a literatura e nem seu estudo: "Uma obra literária é um objeto social muito específico. Para que ele exista, é preciso, em primeiro lugar, que alguém a escreva e que outro alguém a leia." (LAJOLO, 2001, p.17)

Mas, ao mesmo tempo, temos de tomar cuidado com um "etnocentrismo da leitura", já que muitos e muitos textos antigos foram escritos não para leitores solitários e silenciosos, e sim para serem lidos em voz alta e compartilhados com o público numa situação "ritualística". Portanto, precisamos inserir a obra literária e os leitores em seus tempos, para poder compreendê-los e analisá-los melhor.

Segundo Lajolo, a literatura dá existência ao inominado, ao caos, já que, ao mesmo tempo, cria e abre espaços para a desconstrução:

> O homem, assim, constantemente se faz recordar que os nomes não são as coisas. Mas no mesmo movimento, percebe que as coisas só existem para ele, homem, quando incorporadas à sua linguagem. E é entre a momentânea certeza de que a palavra e coisas constituem uma unidade e a igualmente momentânea angústia de que a palavra e seres jamais se interpenetram, que se configura a linguagem. E onde a literatura faz sua morada. (LAJOLO, 2001, p.34)

O que defendo e vivencio, na prática, é a sensação de ser a literatura uma expressão artística humana do mais alto valor cultural e social, já que sua matéria-prima é a palavra (o pensamento, as ideias, a imaginação), características estas que definem o humano e o distinguem do animal. E literatura, aqui no mais amplo sentido, inclui as vertentes populares, as originárias da cultura oral, sem estabelecer o par opositivo aristocrático que faz questão de segregar, de separar uma literatura de prestígio.

Literatura e a função humanizadora

O que podemos constatar, em meio a tantas teorias explicativas da literatura, é a sua função humanizadora:

> Entendo aqui por humanização o processo que confirma no homem aqueles traços que reputamos essenciais, como o exercício da reflexão, a aquisição do saber, a boa disposição para com o próximo, o afinamento das emoções, a capacidade de penetrar nos problemas da vida, o senso da beleza, a percepção da complexidade do mundo e dos seres, o cultivo do humor. A literatura desenvolve em nós a quota de humanidade na medida em que nos torna mais compreensivos e abertos para a natureza, a sociedade, o semelhante. (CANDIDO, 1995, p.249)

Antonio Candido entende a literatura como um leque de criações de toque poético, ficcional ou dramático, uma manifestação universal de todos os homens. Não haveria homens que poderiam viver sem literatura. Candido inclui nesse leque literário o folclore, as lendas, os chistes. Os homens necessitariam fantasiar para so-

através da vidraça da
Escola

breviver, ninguém poderia passar um dia sem se desligar por alguns momentos e embarcar nos sonhos acordados.

Jorge Luís Borges, assim como Candido, afirma que as pessoas estão famintas por narrativas, narrativas essas fundamentais para a vida do homem. Não é por acaso, diz Borges, que Hollywood faz tanto sucesso.

A "fuga" literária tem qualidade diversa da "fuga" fugaz da cultura de massa. A literatura é a expressão máxima da criação ficcional de um povo – suas crenças, contradições, seus costumes, acontecimentos, leis, transgressões, etc. –, que dá aos homens a oportunidade do "sonho acordado", cuja função, além da social, é a de manter o equilíbrio psíquico. Nas palavras de Candido (1995, p.242), esse equilíbrio ganha fundamentos de humanização: "[...] talvez não haja equilíbrio social sem a literatura. Deste modo, ele é fator indispensável de humanização e, sendo assim, confirma no homem a sua humanidade, inclusive porque atua em grande parte no subconsciente e no inconsciente."

A literatura traz consigo uma marca ideológica, porém as repercussões de sua recepção no leitor não são controladas por nenhuma classe social. Existe, paradoxalmente, como uma experiência, a um só tempo, coletiva e individual, a partir do contato com o texto literário.

O coletivo diz respeito às nossas raízes como seres humanos, é o compartilhamento de uma herança humana comum. Já o individual diz respeito a uma experiência subjetiva no contato com a literatura, que contém dentro dela uma estrutura que permite multiplicar uma vida em muitas. E, como diz Candido (1995, p.244), a literatura "[...] humaniza em sentido profundo, porque faz viver."

Outro fator humanizador da literatura é a sua capacidade organizadora das palavras que, no psiquismo, se encontram em dispersão, em estado caótico para expressar as emoções. A literatura ordena, articula e dá sentido, possibilitando ao leitor elementos para uma organização interior.

A sociedade brasileira não tem favorecido, para a maioria do seu povo, o contato com a literatura erudita, "castrando", assim, o potencial efeito dessas obras na personalidade individual e coletiva de nossa gente. O discurso das elites para explicar essa exclusão equivale-se ao ditado popular "dar pérolas aos porcos", como se o povo não precisasse de literatura por não compreendê-la. Tal reducionismo serve para perpetuar a separação, o abismo entre brasileiros de um mesmo Brasil.

Porém, não só o discurso da elite preocupa. Alguns professores também o introjetaram. Um exemplo disso pode ser percebido numa reportagem do jornal Folha de São Paulo:

> Livros infanto-juvenis não chegam a alunos. Escolas públicas não estão distribuindo para os alunos de 4ª e 5ª séries livros infanto-juvenis comprados pelo Ministério da Educação [...] Os livros fazem parte do projeto Literatura em Minha Casa [...] os diretores e professores afirmam ter medo de que os estudantes não leiam ou danifiquem os livros [...] (Folha de São Paulo, 06/09/2002, p.C4)

Quando oferecemos arte de alta qualidade para uma população que não tem contato com tal manifestação, vemos que o discurso referido acima se desmantela. Como disse antes, a arte erudita é herdeira do popular, e até hoje uma fecunda a outra; nelas estão contidos

através da vidraça da
Escola

elementos que todos nós, raça humana, reconhecemos, apreciamos e necessitamos. A literatura faz um uso estético da palavra:

> [...] experimenta o que ainda não foi dito, inventa algo novo, propõe protótipos, enquanto o texto da cultura de massa vem carregado de estereótipos, trazendo apenas redundância e repetição do já existente, consolidação do *status quo*. O crítico francês Roland Barthes assinalou que o estereótipo é o veículo por excelência da ideologia. E da inoculação do preconceito. (MACHADO, 2001, p.87)

O contato com a literatura não é um dever, é um direito! Todos têm que ter a possibilidade de se ver diante de obras literárias, de manusear seus suportes encantadores, de explorá-las a partir da curiosidade desejante. Alguns vão se tornar leitores, outros não, porém, saberão que nos livros há mais do que papel e marcas escritas. A sociedade brasileira deve permitir e garantir que seu povo tenha a chance de conhecer essa herança cultural humana.

> O dever de educar consiste, no fundo, no ensinar as crianças a ler, iniciando-as na literatura, fornecendo-lhes meios de julgar livremente se elas sentem ou não a necessidade de livros. Porque, se podemos admitir que um indivíduo rejeite a leitura, é intolerável que ele seja rejeitado por ela. (PENNAC, 1995, p.145)

Portanto, chego à conclusão de que a literatura concebida como esse leque amplo de criação humana é uma necessidade universal, "[...] que precisa ser satisfeita e cuja satisfação constitui um direito." (CANDIDO, 1995, p.242)

Veremos, mais adiante, que essa afirmação da função humanizadora da literatura, que defendo, não pode ser analisada a partir de uma visão meramente entusiasmada e ingênua, visão de que a leitura literária é, em si, produtora do bem. Nos barracões dos soldados nazistas do campo de extermínio de Auschwitz, os aliados encontraram alguns livros de Goethe que eram lidos por carrascos. Humanidade era o que menos se via naquele campo. Por isso, no próximo tópico, tratarei de literatura e "salvacionismo ingênuo".

Formar leitores *versus* mitificação da leitura

> *A ideia de que a leitura humaniza o homem é justa no seu todo, mesmo se ela padece de algumas deprimentes exceções. Tornamo-nos um pouco mais 'humanos', entenda-se aí um pouco mais solidários com a espécie (um pouco menos animais), depois de termos lido Tchékhov.*
>
> Daniel Pennac[17]

Quando investigamos a formação de leitores, temos de tomar cuidado para não cairmos nesse salvacionismo ingênuo de imaginarmos que a leitura possa, sozinha, tirar a sociedade brasileira das mazelas

[17] PENNAC, 1995.

em que se encontra. Tornar-se um leitor não significa imediatamente tornar-se mais civilizado, porém, aposto na força humanizadora da literatura e no direito que tem cada cidadão de poder, pelo menos, conviver com ela. No entanto, não podemos considerar menos civilizadas aquelas pessoas que não têm contato com a literatura, ou mais brutas do que as que têm familiaridade com obras literárias. Nesse ponto, concordo com Pennac (1995, p.144):

> Mas evitemos vincular a esse teorema o corolário segundo o qual todo indivíduo que não lê poderia ser considerado, em princípio, como um bruto potencial ou um absoluto cretino. Nesse caso, faremos a leitura passar por uma obrigação moral, o que é o começo de uma escalada que nos levará em seguida à "moralidade" dos livros, em função de critérios que não terão qualquer respeito por essa outra liberdade inalienável: a liberdade de criar. E então os brutos seremos nós, por mais leitores que sejamos. E sabe Deus que não faltam brutos dessa espécie, no mundo.

Britto e Barzotto (1998, p.1) traçam uma crítica muito intensa a este adágio da leitura redentora. Dizem que o mito do sujeito leitor é decorrência de um discurso que não leva em conta a definição do que é leitura, nem como este sujeito se insere culturalmente na sociedade.

> O mito do sujeito leitor resulta de um tipo de discurso que, sem explicitar o que se entende por leitura e sem apoiar-se em estudos objetivos sobre as práticas sociais de leitura, ignora os modos de inserção dos sujeitos nas formas de cultura e estabelece em torno da questão da leitura juízos de valor do tipo "bom" ou "mau".

Esses autores também afirmam que a "supervalorização" da leitura, como uma prática rotineira e que promove a saúde, leva a uma mitificação e uma fetichização do livro. Eles usam muito o argumento de que a leitura foi, por muitos séculos, mais usada para dominar do que para emancipar. "Objetivamente, ao contrário do que quer fazer crer o discurso da leitura redentora, não há vinculo necessário entre leitura e comportamentos saudáveis, positivos". (BRITTO; BARZOTTO, 1998, p.3)

Embora concorde, em parte, com esses autores, afirmo, contudo, o poder mobilizador da leitura, na sua função emancipadora e, até mesmo, em certos contextos e situações, promotora de saúde. Afinal de contas, os grandes progressos e também enganos da humanidade, passam por uma grande cadeia de leituras e, nela, se fortaleceram tanto o bem como o mal: "Pense-se na frequência com que a leitura alterou o curso da história – a leitura de Paulo por Lutero, a leitura de Hegel por Marx, a leitura de Marx por Mao." (DARNTON, 1995, p.172)

Mas é importante estar atento a um certo discurso de oposição aos projetos de incentivo à leitura, já que, motivado por uma olhar estritamente sociológico, minimiza a importância e as inúmeras vantagens sociais e individuais que a leitura proporciona:

> O psicólogo James Hillman afirma que a pessoa que leu histórias ou para quem leram histórias na infância "está em melhores condições e tem um prognóstico melhor do que aquela à qual é preciso apresentar as histórias. [...] Chegar cedo na vida já é uma perspectiva de vida." Para Hillman, essas primeiras leituras tornam-se "algo vivido e por meio do qual se vive, um modo que a alma tem de se encontrar na vida." (MANGUEL, 1997, p.23)

através da vidraça da
Escola

A ligação entre a saúde e as narrativas nunca tinha sido tão forte e clara para mim como naquele momento. Do início de 2001 até meados de 2003, participei de um trabalho dentro de hospitais, públicos na sua maioria, em diversos estados brasileiros. O projeto "Biblioteca Viva em Hospitais" teve como objetivo formar funcionários: médicos, enfermeiros, psicólogos, nutricionistas, terapeutas ocupacionais... para serem mediadores de leitura de livros infantis e juvenis com as crianças que passavam pelo hospital.

Esses funcionários, voluntariamente, recebiam treinamento e, posteriormente, eram acompanhados por uma equipe técnica para a implantação do projeto. Naqueles quase dois anos de atuação, estive, junto com os colegas de projeto, lendo literatura infanto-juvenil para crianças na quimioterapia, no ambulatório, na sala de coleta de exames, nas enfermarias pediátricas. A partir dessa experiência, observamos e constatamos alguns fatos.

As crianças que estão abatidas, como na quimioterapia, reagem às leituras sorrindo, falando e melhorando sua expressão facial: há uma melhora visível no ânimo da criança. Os acompanhantes agradecem nossa intervenção, participam das leituras, envolvendo-se, às vezes, mais do que as crianças. Alguns aproveitam para ler para os filhos. Demos um modelo de leitor e alguns o reproduziam diante dos filhos: pais mediadores de leitura começaram a aparecer.

> Em termos bem simples, estou convencida de que o que leva uma criança a ler, antes de mais nada, é o exemplo. Da mesma forma que ela aprende a escovar dentes, comer com garfo e faca, vestir-se, calçar sapatos, e tantas outras atividades quotidianas. Desde pequena vê os adultos fazendo assim. Então, também quer fazer. Não é natural, é cultural. Nos povos

> onde se come diretamente com as mãos, não adianta dar garfo e colher aos meninos, se nunca viram ninguém utilizá-los. Isso é tão evidente que nem é o caso de insistir. Se nenhum adulto em volta da criança costuma ler, dificilmente vai se formar um leitor. (MACHADO, 2001, p.116)

Os funcionários que liam para as crianças também falavam sobre as repercussões desse ato, ao mesmo tempo simples e complexo. Relatavam, com frequência, que as crianças passavam a falar mais do que antes, contavam mais sobre si mesmas, identificavam os mediadores de leitura como portadores e comunicadores de narrativas.

Uma criança que, como disse uma das voluntárias do projeto, era "o termômetro dessa ação", foi o menino L., de 5 anos. Algumas semanas após uma cirurgia de tumor na cabeça, L. começou a receber nossas visitas. As leituras, no início, recebiam o olhar atento e silencioso de L., sua voz não era ouvida; mas, no decorrer das leituras, semana após semana, o menino que tinha uma dificuldade imensa de se comunicar, começou a falar sobre as histórias, no início timidamente, depois com mais soltura.

As nutricionistas que participavam do projeto nos relatavam que L. não queria jantar comida, queria comer histórias. Na última semana antes de ter alta, L. ganhou um apelido carinhoso dos funcionários: "tagarela". Poderia escrever várias páginas sobre casos de melhora visível no estado de algumas crianças depois do término das sessões de leitura.

O projeto não tinha intuito "curador" e, talvez, exatamente por isso, auxiliasse na cura. Talvez seja necessária uma pesquisa mais ampla para demonstrar a ocorrência desses fenômenos positivos

através da vidraça da
Escola

para a saúde da criança hospitalizada. O que se constatou dentro da instituição hospitalar é que a leitura em voz alta de livros de literatura infantil é uma ferramenta muito forte de transformação das crianças, do ambiente e das relações institucionais.

Além desse trabalho em hospitais, nestes muitos anos como contador oral e leitor de histórias dirigidas às crianças, jovens e adultos das mais diferentes classes sociais, também pude perceber um grande contingente de seres humanos excluídos da potencialidade da cultura escrita.

Todos os seres humanos deveriam ter o direito de traçar seus próprios caminhos e destinos. O traçado é feito na base da escolha, porém, se desde a nossa mais tenra infância somos alijados do contato com o mundo dos sentidos das palavras, percebemos que as oportunidades de escolha diminuem muito. No contato frequente com essa população marginalizada, pude perceber que, às vezes, o único traço que lhes resta não é o feito com um lápis na mão, e sim com uma faca, um saco de cola, ou mesmo nada disso, apenas a mão vazia a pedir um futuro.

> Estou convencida de que um país mais democrático será necessariamente um país com mais contato com a literatura, não porque garantirá o princípio da igualdade, de que todo cidadão tem o direito de ter acesso a bons livros, mas também porque os governantes escolhidos por quem conhece mais situações, mais ideias e personagens mais diferentes serão necessariamente fruto de uma escolha mais exigente e sábia. A escolha de quem desenvolveu melhor sua capacidade de julgar, porque exercitou mais a comparação dos diferentes e se habituou a conviver com o princípio da diversidade. (MACHADO, 2001, p.77)

Nas últimas décadas, proliferaram projetos governamentais e da sociedade civil com o objetivo de "fomentar", "incentivar" o "hábito da leitura" e atuar positivamente no sentido de promover e dar oportunidade para que o ato de ler acontecesse. Sobre o velho estereótipo do hábito, diz Perroti (1999, p.33): "Hábitos estão ancorados na repetição mecânica de gestos; atos, na opção, no exercício da possibilidade humana de articular o agir ao pensar, ao definir e escolher."

Portanto, é importante visualizar o que projetos de incentivo à leitura pretendem: formar sujeitos consumidores da cultura escrita, apenas decifradores de códigos linguísticos? Ou sujeitos com capacidade de ir além da mera decifração, de penetrar verticalmente no texto, preenchendo suas lacunas, fazendo suas interpretações, podendo se divertir, se emocionar, crescer, aprofundar, refletir sobre o que o escrito nos traz? "Parodiando Eco, é preciso distinguir leitura fechada de leitura aberta, já que o horizonte dos ledores é o fechamento e o dos leitores, a abertura." (PERROTI, 1999, p.34)

Perroti expressa sua preocupação com a questão da formação do leitor no Brasil. Observa, em alguns daqueles projetos, uma atuação no sentido da criação de ledores e não de leitores. E continua afirmando a necessidade do aumento e do fortalecimento das instituições ligadas à prática da leitura: bibliotecas, livrarias, escolas, entre outros.

Mas não bastaria fortalecer essas instituições, seria importante, também, poder refletir profundamente sobre sua atuação. Os espaços de leitura estão fazendo a sua parte? O que significa a atitude do educador que manda um aluno, suspenso por indisciplina, para a biblioteca fazer uma pesquisa? Que relação terá esse menino com

através da vidraça da
Escola

aquele espaço identificado com os livros? Com certeza, boa lembrança ele não terá de lá.

Quando falo de hábito e de ato de leitura, refiro-me a uma pequena parcela da população do nosso imenso país. "Um território árido de letras", esta é a chamada de capa da "Ilustrada", caderno cultural do jornal Folha de São Paulo, no dia 1º de março de 2001:

> Livrarias são uma raridade no país. Existem 2008 unidades espalhadas pelo território, o que dá uma média de um estabelecimento para cada 84,4 mil habitantes. Roraima, Amapá e Tocantins possuem, cada um, apenas duas livrarias. A Argentina possui 6000 livrarias, uma média de uma livraria para cada 6000 habitantes. (Folha de São Paulo, 2001, p. E1)

Quanto às bibliotecas públicas, o quadro também é grave: "As bibliotecas públicas (4800) não abrangem os 5.507 municípios brasileiros." (Folha de São Paulo, 2002, p. C6)

Mesmo num dos estados mais ricos da federação, essa questão vem à tona, como indica, por exemplo, a manchete do caderno "Cotidiano" da Folha de São Paulo no dia 30 de maio de 2002: "Escolas de Santos têm 1493 analfabetos. Estudante da 1a série tem nota 8, mas não sabe ler." (Folha de São Paulo, 2002, p. C3)

Mais dados confirmam o triste panorama das letras brasileiras: dentre 91% das pessoas alfabetizadas no Brasil, 74% não conseguem ler e nem entender um livro (pesquisa do instituto Paulo Montenegro, 2002). E, segundo a Câmara Brasileira do Livro (CBL, 2002), o brasileiro lê, em média, 2,3 livros por ano, incluindo os livros didáticos, que compõem mais da metade dessas leituras. Em países desenvolvidos, também segundo a CBL, a média é de 7 a 9 livros por ano.

Como se vê, o Brasil encontra-se muito atrasado em relação à garantia desse direito básico do cidadão: aquisição da prática da leitura. E o que podemos fazer para mudar tal quadro? Sabemos que o desafio é imenso e deveria passar, impreterivelmente, pela escola e seus professores. Mas o prazer não se força, o prazer desperta-se. E como despertar o prazer por algo, se nem mesmo podemos praticá-lo? A maioria dos professores não pratica a leitura e, não o fazendo, fica difícil falar sobre ela e contagiar seus alunos. Só livros bonitos ou bibliotecas reformadas não adiantam. A aproximação de indivíduos com a literatura contida nos livros se dará através da voz de um outro. Este outro já enlaçado pela literatura.

O prazer virá de muito trabalho e esforço. E assim como num relacionamento em que, para obtermos prazer, passamos pela paquera, rejeição, insistência, pelo namoro, brigas e separações, pela reconciliação, pelas viagens, casamento e filhos, com os livros realizamos um percurso parecido. Se acreditarmos ser esse percurso essencial à vida humana, valerá a pena o esforço a ser empreendido.

Um dos pilares fundamentais de qualquer projeto de formação e incentivo à leitura passa pela formação do educador, que deveria buscar e identificar, no seu passado, a importância que as histórias desempenharam na sua formação integral como ser humano. E, a partir dessa busca, perceber quão fundamental é apresentar essa construção humana aos seus alunos.

> Como diz Michel de Certeau em sua bela metáfora, o leitor é caçador que efetua saques em campos alheios, tentando assim acalmar sua fome de sentidos e significações. A errância é seu destino, já que onde vislumbra novos sentidos lá está ele pronto para um novo saque [...]

> Jamais tentar, portanto, aprisionar a leitura, eis a regra de ouro para os espaços de leitura que desejarem desenvolver ações positivas de formação de leitores. A natureza errante destes, em contraposição à natureza condicionada dos ledores, somente poderá florescer completamente se encontrar campos abertos, espaços capazes de permitir as mais belas cavalgadas, os mais impressionantes saltos a cavaleiros ávidos e espantados com a riqueza da aventura humana. (PERROTI, 1999, p.40)

Percebemos que a questão da formação do leitor envolve muitas instâncias. Não basta a concretude de um livro na mão da criança, direito básico ainda não garantido a todos neste país. Temos de ir além.

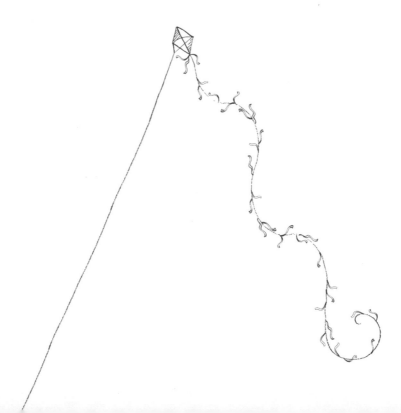

4
Ler em voz alta ou contar histórias?

O mais importante era o fato de que ele nos lia em voz alta! Essa confiança que ele estabelecia, logo no começo, em nosso desejo de compreender... O homem que lê em voz alta nos eleva à altura do livro. Ele se dá, verdadeiramente, a ler! [...] Mas ler em voz alta não é suficiente, é preciso contar também, oferecer nossos tesouros, desembrulhá-los na praia ignorante. Escutem, escutem e vejam como é bom ouvir uma história.

Daniel Pennac[19]

[19] PENNAC, 1995.

através da vidraça da
Escola

O Flautista de Hamelin

105

Há muito, muito tempo, a pequena cidade de Hamelin, na Alemanha, sofria um ataque de milhares de ratos. Eram ratos de todos os tamanhos e que estavam por todos os lados. Ninguém suportava mais aqueles animais, então o prefeito teve que tomar uma atitude...

Todos conhecem a história *O flautista de Hamelin*, contada pelos Irmãos Grimm. No decorrer da história, o flautista, enganado pelo prefeito, decide tocar e encantar as crianças da cidade, que o seguem para sempre.

O contador de histórias tem um pouco do flautista de Hamelin. Sua voz, assim como a flauta, vibra ao encontro dos ouvintes, às vezes suave como um veludo, às vezes misteriosa como uma coruja, às vezes horripilante como uma gargalhada de bruxa. E, assim como um bom trompetista de jazz, um bom contador de histórias conhece suas notas musicais, que para ele são as combinações das palavras. Não existe um "script" fechado para se contar uma história: assim como no jazz, o improviso do narrador é fundamental; como também o é entre os bardos dos Bálcãs, entre os repentistas e emboladores nordestinos.

Porém, o improviso não significa desconhecer a letra da música; significa, isso sim, poder brincar de desmontá-la e recombiná-la novamente. Brincar é preciso! E é por isso mesmo que o narrador nunca conta a mesma história, mesmo que ele a repita há muito anos; porque sempre haverá uma matéria linguística diferente de cada vez.

A voz trabalha pelo contador assim como o texto pelo leitor. As entonações vocais registram uma infinidade de emoções, que são constantemente alimentadas pelas reações dos ouvintes. A voz do contador de histórias é regulada e mimetizada a partir da relação com seu público.

> Os contadores de histórias eram especialistas em imitar vozes de animais e diferentes registros vocais; imitavam até mesmo as de mulheres e homossexuais, incluindo em suas farsas desde tipos populares a pessoas de alto estrato social, amaneiradas. Em árabe Hikaya significa "história", mas originalmente queria dizer "mímico". (GOMES, 2000, p.17)

A voz, por sua vez, não trabalha sozinha, ela reverbera em todo o corpo do contador: os olhos, os gestos, a expressão facial. O narrador oral é um artista da voz e do gesto.

> Pelo lado sensorial, narrar não é, de forma alguma, apenas obra da voz. No autêntico ato de narrar intervém a atividade da mão que, com os gestos aprendidos no trabalho, apoia de cem maneiras diferentes aquilo que se pronuncia. Aquela velha coordenação da alma, olho e mão, que aparece nas palavras de Valéry, é a coordenação artesanal que encontramos no habitat da arte de narrar. (BENJAMIN, 1996, p.74)

Zumthor (2001, p.19) nos diz sobre o artista que decide usar a voz para transmitir uma narrativa:

> [...] quando um poeta ou seu intérprete canta ou recita (seja o texto improvisado, seja memorizado), sua voz, por si só, lhe confere autoridade. O prestígio da tradição, certamente, contribui para valorizá-lo; mas o que o integra nesta tradição é ação da voz. Se o poeta ou o intérpre-

através da vidraça da
Escola

te, ao contrário, lê num livro o que os ouvintes escutam, a autoridade provém do livro como tal, objeto visualmente percebido no centro do espetáculo performático; a escritura, com os valores que ela significa e mantém, pertence explicitamente à *performance*.

Primeiramente, seria importante definir o que é *performance*. Segundo Zumthor (2001, p.76):

> Na situação de pura oralidade, como a que pode observar um etnólogo no meio de populações ditas primitivas, a "formação" se opera pela voz, a que sustenta a palavra; a primeira "transmissão" é obra de um personagem utilizando em fala sua viva voz, que é necessariamente ligada a um gesto. A "recepção" vai se fazer por audição acompanhada da visão, tendo ambas por objeto o discurso assim performado; é, com efeito, próprio da situação oral que transmissão e recepção constituam um ato único de participação, com co-presença, esta última engendrando prazer. Este ato único é a *performance*.

Quando estamos contando histórias, diferentemente de quando lemos solitariamente ou para outros, a *performance* do narrador é mais completa do que a do leitor e apresenta mais "índices de oralidade": "Por 'índice' de oralidade entendo tudo que, no interior de um texto, informa-nos sobre a intervenção da voz humana em sua publicação [...]" (ZUMTHOR, 2001, p. 53)

Os gestos, a voz, o olhar, as respostas às reações do público, o discurso narrativo, o domínio paralinguístico, entre outros, são manifestações que podemos perceber na *performance* do narrador oral, enquanto que, no leitor, esses elementos surgem com bem menos intensidade, ou até mesmo inexistem. O ato de contar uma história oralmente explicita:

> [...] sua intensidade, sua tendência de reduzir a expressão ao essencial (o que não quer dizer que a reduzisse nem ao mais breve, nem ao mais simples); a predominância da palavra em ato sobre a descrição; os jogos de eco e de repetição; a imediatez das narrações, cujas formas complexas se constituem por acumulação; a impessoalidade; a intemporalidade... Esses traços, mais ou menos claros, manifestam no nível poético a oposição funcional que distingue a escritura da voz. (ZUMTHOR, 2001, p.193)

O contar não tem uma forma fixa, sua renovação se dá a cada *performance*, podendo ser associado, como diz Zumthor, a uma caravana de nômades à procura de alimentos. Eles se deparam no meio de caminhos com situações inesperadas, tendo de usar seu poder de adaptação a cada novo local. Já o texto escrito, que possui um autor, um suporte que "aprisiona" e "cristaliza" seu conteúdo, tenderia à fixação, à permanência num local determinado. Diferentemente dos nômades, uma cidade, com sua construção racional, seria sua morada.

> O texto escrito, uma vez que subsiste, pode assumir plenamente sua capacidade de futuro. Já o texto oral não pode, pois está muito estritamente subjugado pela exigência presente da performance; em compensação, ele goza da liberdade de mover-se sem cessar, de ininterruptamente variar o número, a natureza e a intensidade de seus efeitos. (ZUMTHOR, 2001, p.193)

através da vidraça da
Escola

109

Mas o interessante de tudo isso é que as características da *performance* oral, que se mostra diferente da composição e da leitura escrita, deslocaram-se para alguns textos escritos e por lá ficaram até os dias de hoje. No capítulo referente à literatura infantil retomaremos este assunto.

O cotidiano do contador/leitor de histórias

Lendo os autores citados acima, não posso deixar de relatar como a minha experiência profissional revelou-me, na prática, algumas das diferenças entre o contar e o ler histórias. Há quase vinte anos, conto histórias e por seis, pelo menos, atuei no projeto chamado Biblioteca Viva, da Fundação Abrinq pelos Direitos da Criança. Entre outras funções, dentro desse projeto, trabalhei como leitor profissional de literatura para crianças de todas as faixas etárias e classes sociais, em sete cidades brasileiras.

Dessa experiência, vêm alguns questionamentos: ler ou contar histórias? O que é melhor para formar leitores? O termo "melhor" é o mais adequado a ser usado nessa última indagação?

Como pude perceber, a narração oral é de extrema importância para a vida dos seres humanos em qualquer sociedade e em qualquer tempo. Minha vivência neste campo é muito intensa. Observo as crianças e jovens da era da informática, da televisão, do *videoga-*

me, abrindo suas bocas, arregalando seus olhos, vibrando os seus corpos quando iniciamos algumas belas narrativas.

Não é apenas o contar sem livro que provoca as reações já descritas nas crianças. A leitura de livros infantis para públicos das mais diferentes faixas etárias também desencadeia algumas reações parecidas.

Nos primeiros anos desta dupla função contador/leitor, deparei-me com a pergunta: o que aproxima mais a criança do livro? A voz do contador de histórias ou a voz do mediador de leitura? A resposta apareceu alguns anos depois do início de meu trabalho como narrador oral e mediador de leitura, e, como sempre, as crianças foram a "revelação" dessa equação.

Em 1998, participei de um projeto de formação de educadores numa escola de Carapicuíba, cidade próxima a São Paulo. A instituição tinha, na época, mais de 400 crianças, de todas as idades, num sistema de internato. A finalidade era formar as professoras da educação infantil para que elas se tornassem mediadoras de leitura de livros infantis.

Após a formação das educadoras, continuei na escola por alguns meses, realizando formação em serviço, cujo objetivo era ler para as crianças juntamente com as educadoras. A minha presença era conhecida por todas as crianças, que têm um sistema de informação impressionantemente rápido. Quando passava por qualquer grupo de crianças que não faziam ainda parte daquela experiência, elas me identificavam como leitor de histórias.

Depois de alguns meses, ocorreu um episódio interessante: estava saindo de um momento de mediação de leitura com as educadoras e dirigindo-me a uma sala de reuniões, quando um grupo de

através da vidraça da
Escola

10 crianças, com idade por volta dos 9 anos, abordou-me e pediu que contasse histórias para elas; porém estava sem os livros naquele dia e resolvi, então, entrar numa sala e iniciar, "de boca", uma "contação" de histórias. Foi muito prazeroso, divertido e, como sempre, a criançada vibrou.

Na semana seguinte, o grupo de crianças que ouvira as histórias narradas oralmente pediu-me mais histórias; naquele momento, porém, realmente eu não tinha tempo sobrando e, infelizmente, não consegui contar histórias para aquela turma. Muitas semanas se passaram e, novamente, um outro grupo de crianças, também com cerca de 9 anos de idade, parou-me e pediu histórias. Desta vez, eu carregava debaixo dos braços os livros que acabara de usar com as crianças menores.

Entrei na sala com a turma e comecei a espalhar os livros pelo chão, dizendo que eles poderiam escolher os livros que queriam que eu lesse. Feitas as escolhas, comecei as leituras. Fiquei meia hora com a turma e, ao ir embora, resolvi deixar os livros com eles, já que faziam parte do acervo doado ao educandário. Assim que levantei do chão e comuniquei que iria embora, mas deixaria os livros, as crianças, num ato espontâneo (já observado muitas e muitas vezes), foram até os livros. Cada criança pegou um e o abriu.

Lentamente, fui saindo da sala. Todas as crianças da turma tinham a cabeça voltada para os livros. Fiquei alguns instantes na porta olhando aquela cena e, de repente, veio o estalo. Tinha compreendido a diferença pedagógica entre contar "de boca" e ler em voz alta as histórias dos livros às crianças.

O contador de histórias chega com seu corpo, sua personalidade, suas narrativas, no momento da apresentação. Ao encerrá-la, deixa com os outros muitas coisas, porém sua corporeidade retira-se do espaço da *performance*. As crianças entram em contato com o contador de histórias e o querem de volta, mas não sabem quando isso será possível. Talvez dali a um mês, um ano, ou nunca mais. Vivo isso constantemente, quando as crianças perguntam-me quando voltarei para a escola na qual fiz uma "contação" de histórias. A resposta depende de muitas contingências.

Já na mediação de leituras às crianças, a corporeidade do mediador vai embora, mas os livros permanecem fisicamente, quando pertencem à instituição, ou no imaginário de quem ouviu e viu as histórias. As crianças sabem, agora, que aquele objeto chamado "livro" é portador de narrativas que provocam muitas reações.

Toda vez que pratico este ato chamado mediação de leitura, seja com crianças, adolescentes ou adultos, nas favelas, hospitais e escolas, seja ministrando oficinas para professores, quando espalho os livros e termino as leituras, percebo que a movimentação sempre se repete, com as mãos inquietas dos ouvintes querendo pegar no livro e explorá-lo. "Ao contrário, constato que, quando termino de contar assim uma história às crianças, elas, no fim da sessão, desejam absolutamente olhar e manipular o livro." (GILLIG, 1999, p.86)

Quando lemos uma história e, no final, fechamos o livro, estamos deixando dentro dele as nossas marcas, nossas vozes aprisionadas nas páginas. Na ausência do leitor, os ouvintes retornarão ao livro, agora como leitores solitários, buscando resgatar naquelas páginas a nossa presença. O que encontrarão? Não sei exatamente, mas o que posso imaginar é que vão à procura daquele momento proporcionado pela leitura em voz alta. E talvez esse movimento

através da vidraça da
Escola

113

permita que eles encontrem, dentro do eco de um outro, a sua própria voz. Talvez seja esse, possivelmente, o "pulo do gato" no caminho para a formação de leitores a partir da técnica da leitura em voz alta. "Enquanto a voz do outro não deixar um vazio para a voz da criança, esta será apenas grito." (BIARNÉS, 1998, p.140)

Depois desses anos todos de leituras em voz alta e contos contados, encontrei em uma autora francesa chamada Jean-Marie Gillig (1999, p.86), as mesmas descobertas que fiz em todo esse processo:

> Hoje, várias razões falam em favor da utilização do livro durante o 'contar' [...] Utilizo o livro de histórias com um objetivo preciso: promover também um encontro e uma relação entre a criança e o objeto-livro. Essa relação baseada no prazer de desejar me parece importante, até mesmo fundamental com algumas crianças, na perspectiva de servir-se do conto para abrir não apenas as portas do imaginário, mas também as da cultura. O grande prazer provocado pela escuta de um conto tem suas raízes no imaginário. Trata-se da apropriação que a criança faz da palavra do contador, dando sentido a ela e integrando-a em seu universo pessoal psicoafetivo. Mas o escrito do conto também está no imaginário, é simbolizado pelo código convencional alfabético, cuja porta de acesso pode ou não suscitar o desejo de nele penetrar. É necessário que essa entrada no mundo do escrito aconteça com um desejo e um prazer da mesma ordem. Daí a importância da presença do conto escrito no 'contar' como vetor de transmissão do objeto do desejo/prazer do imaginário para o cultural. O conto escrito é exatamente um objeto transicional que se pode apalpar, manipular, sentir primeiro através dos sentidos, ou seja, integrá-lo em si, apropriar-se dele.

Os indivíduos não-leitores, grande parte da nossa população, estão inseridos no mundo da oralidade que, podemos pensar, traz um conforto "maternal" ao sujeito. O objeto oral ligado à sucção materna tem seu papel fundamental na formação do homem; porém, este tem de ir adiante, tem de "escolher entre a palavra (oralidade materna) e a escrita (a ordem paterna do mundo)." (BIÁRNES, 1998, p.138)

Tal escolha não é fácil, já que propõe uma reconstrução de sentidos, um abandono parcial, não definitivo (sempre, quando necessitarmos, poderemos voltar à segurança, ao colo dos contos orais), da oralidade/palavra, para a entrada num novo mundo, cheio de dificuldades, surpresas, descobertas. "Só a letra do livro pode deslocar o sujeito de sua aderência ao espaço-tempo de seu meio, daquela 'imagem do mesmo' e abrir mão então do espaço do jogo onde a letra tem sentido." (BIARNÉS, 1998, p.145)

Essa entrada no mundo dos sentidos das palavras traçadas, seja para as crianças que ainda não sabem ler, seja para os jovens e professores afastados da literatura, seja para adultos "analfabetos", talvez tenha que se dar, num primeiro momento, pela voz de um outro, voz que libertará as letras aprisionadas e emudecidas no papel.

Mas será que apenas ler o livro em voz alta bastaria para aproximar a população não-leitora dos livros de literatura? A resposta é não. A leitura em voz alta que, acredito, possa levar, no mínimo, a uma aproximação com os livros e, no máximo, à formação de um leitor, está inserida num contexto e num processo que relato a seguir.

através da vidraça da
Escola

Vozes e palavras

115

> *As vozes dos poetas se confundem na minha lembrança com as dos que me fizeram primeiro conhecê-los: há certas obras-primas da escola romântica alemã que não posso reler sem escutar novamente a entonação da voz emocionada e bem timbrada de Mielen. Durante todo o tempo em que, crianças, tínhamos dificuldade em ler sozinhos, ela cultivava o hábito de ler para nós.*
>
> Klaus Mann

Quando destaquei, no capítulo anterior, o contingente de não-leitores presentes em nossa sociedade, não considerei isso uma prerrogativa da população pobre. Vivemos numa época em que muitas crianças e jovens de classe média alta também fazem parte desse processo de empobrecimento da relação com a cultura escrita.

Durante um ano inteiro, tive a grata oportunidade de trabalhar dentro de uma sala de aula, com alunos de 7a e de 8a séries, pertencentes a um grupo social com alto poder aquisitivo. Naquela época, quando já trabalhava como contador de histórias e mediador de leitura, não tive dúvida em usar essas ferramentas nos encontros com alunos. Na primeira aula, em todas as seis turmas com as quais trabalhava, resolvi iniciar o primeiro contato com os alunos contando uma história. Quando terminei de contá-la, a maioria dos alunos perguntou: *"Isso que você contou, vai cair na prova? Era para anotar?"*

Num primeiro instante fiquei estarrecido. Depois, percebi que as mesmas perguntas surgiram em todas as classes. O pensamento ficou um pouco confuso, era a primeira vez, em anos contando histórias, que um grupo de pessoas fazia esse tipo de pergunta. Depois de assimilar o impacto das indagações, a curiosidade em saber o que estava por trás daquelas perguntas veio à tona.

Logo encontrei algumas respostas. Os alunos daquela escola, como de tantas outras, sempre estavam sendo avaliados. Tudo o que o professor fazia ou falava tinha um objetivo que depois seria cobrado. Não passava pela cabeça dos jovens que um professor pudesse compartilhar com eles uma narrativa sem querer nada em troca, só pelo fato de saber que contar é bom e ouvir, ainda melhor. Era essa relação que os alunos tinham com as palavras "escolares", elas só serviam para "medir habilidades", para avaliar e apontar seus defeitos.

> A professora corrigia tintim por tintim outra vez. E a nota que ela me dava ficava sempre em torno do 5. Ela justificava a dádiva com a seguinte observação: composição imaginativa. Embaixo do FIM que eu botava sempre no fim da minha redação, ela escrevia um lembrete (vermelho também): "Habitue-se a consultar o dicionário." Não deu outra: me habituei a nunca abrir um dicionário. (BOJUNGA, 1998, p.40)

Se contando histórias o retorno era tal, comecei a imaginar o que diriam sobre os livros. A curiosidade novamente falou mais alto e fiz uma pesquisa rápida com os alunos, pedindo para escreverem num papel: "Qual é a sua relação com os livros e a leitura?"

através da vidraça da
Escola

Mais de 90% dos alunos responderam, mais ou menos, nesta direção:

"Eu odeio ler porque é chato."; "Só leio porque é obrigatório."; "Não leio porque não me interesso pelas histórias."; "Nunca li um livro inteiro."; "Só leio quando a escola pede."; "A única coisa que leio é a revista Capricho."; "Só leio gibi."

O que está por trás desses depoimentos? Por que adolescentes de classe média alta, teoricamente, com mais "chance" de entrarem verticalmente em contato com esse mundo letrado, manifestariam tanta aversão ao mundo da leitura e da literatura? Algumas das respostas a essa pergunta foram dadas pelos próprios jovens:

"Eu só gosto de ler coisas que eu escolhi."; "Os livros que a escola dá são muito chatos."; "Não gosto de ler porque é obrigado."; "Eu só gosto quando leem para mim."

"Eu só gosto quando leem para mim." Essa frase pode ser interpretada e analisada de diferentes ângulos. Este jovem está nos comunicando sobre a necessidade de uma outra voz, que não a sua, para poder ouvir um texto. Poderíamos fazer análises psicológicas desse quadro, como, por exemplo, levantar a hipótese de que a dificuldade em desligar-se da voz do outro representa a dificuldade de separação da figura parental. Ler silenciosamente é um movimento de desligamento do outro, de independência e amadurecimento. Mas esse é um "outro lado" da história.

Élie Bajard aborda esse tema de forma instigante e nos faz refletir sobre o quanto a transmissão do texto em voz alta pode ser, ao mesmo tempo, um trampolim para a autonomia da leitura silenciosa ou um fincamento na prancha segura e sem muitos obstáculos da voz do outro: "está tão bom ouvir o outro, ele permanece comigo, não preciso me arriscar na leitura solitária."

> Contar histórias e transmitir vocalmente textos podem mesmo, caso precauções não sejam tomadas, retardar a entrada na leitura de duas maneiras: eles podem ser uma alternativa atraente à aprendizagem da escrita, laboriosa (ela requer meses) e árida (ela resulta na perda do calor de uma comunicação corporal); eles investem o espaço de modo sonoro, tornando impossível uma atividade que requer silêncio. (BAJARD, 2002, p.98)

Acontece que esses jovens e muitos outros não têm nem a oportunidade de ouvir o professor lendo, em voz alta e gratuitamente, literatura de qualidade. Nas turmas em que lecionei, desenvolvi um processo de ressignificação, acreditando poder renovar esse desejo adormecido pelas narrativas em qualquer idade. Primeiro contei muitas e muitas histórias orais: depois das primeiras vezes, os "marmanjões", alguns já com seus 1,80m de altura, pediam histórias como se fossem crianças pequenas. Eles beberam e se fartaram delas por um bom tempo.

Passado esse primeiro momento, senti a necessidade de mostrar para eles que as histórias tinham uma "casa", um espaço no qual habitavam: o livro. Comecei a ler livros em voz alta para eles, antes de começar a aula. Escolhia livros dos quais gostava e os compartilhava com a classe. O brilho dos olhos, o relaxamento corporal continuavam presentes na leitura em voz alta, assim como acontecia na "contação" de histórias, mas, diferentemente da narração oral, havia agora um objeto entre nossa voz e o corpo dos alunos. Assim que terminava as leituras, alguns deles se aproximavam, querendo ver o livro, tocá-lo, para, logo depois, perguntarem quem o tinha escrito e onde podiam comprá-lo.

através da vidraça da
Escola

Num terceiro momento, introduzi na sala de aula livros de literatura infantil, espalhando-os pelo chão. Deixei que mexessem e lessem à vontade. Observei cenas que jamais esquecerei, como a do aluno mais "indisciplinado", com as piores notas e que sempre dizia que _"odiava com todas as suas forças os livros"_, gargalhando com as leituras de livros infantis. Ele chamava outros colegas e lia para eles, se divertia e queria mais. Depois de alguns meses trabalhando naquele processo de resgate, resolvi indicar uma lista informal de livros, não havia a obrigatoriedade da leitura. Na volta das férias, alguns alunos haviam lido os livros indicados.

Da voz à solidão: oficina de ideias

> _É pois de saber que este fidalgo, nos intervalos que tinha de ócio (que eram os mais do ano), se dava a ler livros de cavalarias, com tanta afeição e gosto, que se esqueceu quase de todo do exercício da caça, e até da administração dos seus bens; e a tanto chegou a sua curiosidade e desatino neste ponto, que vendeu muitos trechos de terra de semeadura para comprar livros de cavalarias que ler, com o que juntou em casa quantos pôde apanhar daquele gênero._
>
> Miguel de Cervantes[20]

[20] CERVANTES, 1978

Mas voltemos àqueles alunos que conseguiram "relaxar" e deliciaram-se com as histórias contadas "de boca", com as lidas em voz alta e com a possibilidade de fazerem "peraltagens" com os livros infantis. Aqueles jovens, constatei, leem muito e adoram histórias em quadrinhos; no entanto, é preciso estimular a diversidade de narrativas, apresentando aos alunos textos que possam ser capturados através da voz do professor.

Chico Lopes[21] relata, em uma entrevista, que suas primeiras leituras foram as histórias em quadrinhos: "Tive uma relação misteriosa com um herói, Bronco Bill...". As histórias em quadrinhos eram a única leitura disponível na casa de Chico, mas isso não foi impedimento para um livro cair em sua mão e modificar sua vida para sempre. Aquelas histórias foram a sua porta de entrada para o mundo da literatura.

> Muito tempo depois foi que li o que pode ser chamado meu primeiro livro adulto. Era Capitães de Areia, de Jorge Amado. Foi uma impressão devastadora [...] E, depois disso, nunca mais parei. Sem, claro, esquecer os gibis. De qualquer modo, eu perdera a inocência e o que me interessava, então, era mais real e cruel. (Chico Lopes)

Os jovens citados acima têm, à sua disposição, uma infinidade de livros literários, desde as suas mais tenras idades, mas continuam "presos" nas leituras mais fáceis. As histórias em quadrinhos são construções importantes e instigantes na vida dos alunos, mas permanecer até os 14 anos, quase exclusivamente, neste gênero de leitura, aponta para um problema maior.

Talvez um dos fatores para esses jovens jogarem a âncora da leitura nas histórias em quadrinhos, resida no seguinte processo:

[21] Chico Lopes, poeta e contista, autor de "Nó de Sombras". São Paulo: Editora Instituto Moreira Sales, 2000.

quando eles são pequenos, parece que o mundo das histórias sempre fez parte de suas vidas, alguns pais e professores contam e leem narrativas a ouvintes desejosos de ouvi-los. Quando aprendem a ler sozinhos, talvez os adultos achem que já não precisem mais de suas vozes: "Contar histórias? Já passaram da idade! Ler, então, para quê? Eles já o fazem sozinhos."

Possivelmente, um dos problemas encontra-se neste ponto: talvez nunca devêssemos parar nem de contar e nem de ler histórias às crianças e aos jovens. Quando estancamos esta ação – podemos pensar – corremos o risco, e é isso, parece, que está acontecendo: pulam-se etapas em um processo lento e profundo de ligação com as letras impressas. Como ler Machado de Assis se não brincamos, antes, com as palavras e com os livros? Como descobrir sua genialidade quando nos diz, ironicamente, na "Teoria do medalhão":

> O passeio nas ruas, mormente nas de recreio e parada, é utilíssimo, com a condição de não andares desacompanhado, porque a solidão é a oficina de ideias, e o espírito deixado a si mesmo, embora no meio da multidão, pode adquirir uma tal ou qual atividade. (ASSIS, 2001, p.331)

A leitura de Machado de Assis, na solidão de um recanto qualquer, pode desencadear a percepção de que nesse encontro com o outro/letra talvez nasçam muitos sentidos. Para tal processo eclodir, o leitor, podemos pensar, deveria, quem sabe, ter vivido incessantemente as narrativas pelas vozes de outros, ter brincado muito com os livros, porque só assim, possivelmente, poderia compreender e sentir o que as letras contidas numa folha de papel podem fazer à sua vida.

5

Ora-direis-ouvir os livros!

> O primeiro passo para a leitura é audição de livros. A audição da leitura feita por outros tem uma tripla função: cognitiva, linguística e afetiva.
>
> José Morais[22]

[22] MORAIS, 1996.

através da vidraça da
Escola

Gratuidade, diversidade e bem-estar

123

> *Devemos pensar que, quando insistimos em levar mais livros para a escola, diversidade de livros, também dizemos ao professor:"Deixe que leiam, não importa quando, que levem os livros para casa, que os vejam no recreio", sugerimos que deem chance a uma leitura sem controle.*
>
> Emília Ferreiro[23]

A leitura em voz alta de livros de literatura deveria estar inserida em contextos cuidadosamente pensados e elaborados, para podermos sentir seus benefícios. O primeiro dado e, talvez, o principal deles é a consciência, por parte do educador, de que a escolarização da literatura dela afasta os alunos. Percebo que, em grande parte das escolas, a literatura é sempre uma "moeda de troca": lemos, ou pedimos que leiam sozinhos, depois iniciamos a desconstrução "tortuosa" do lido. Resultado: fuga. Já numa leitura gratuita de literatura em voz alta, o aluno pode compreender que o ganho está, não nas respostas certas e, sim, no próprio prazer de entrar em contato com a arte literária.

Gratuito. Era bem assim que ele entendia. Um presente. Um momento fora dos momentos. Apesar de tudo. A história noturna o liberava do peso do dia. Largávamos as amarras. Ele ia com o vento, imensamente leve, e o vento era a nossa voz. Como preço dessa viagem, não se exigia nada dele,

....

[23] FERREIRO, 2001.

nem um tostão, não se pedia a menor compensação. E não era nem mesmo uma recompensa (Ah! as recompensas – como era preciso se mostrar digno de ter sido recompensado!). Aqui, tudo se passava no país da gratuidade. A gratuidade, que é a única moeda da arte. (PENNAC, 1995, p.34)

Outra questão de extrema importância: o que se deve ler em voz alta? Muitas escolas não estão acostumadas a trabalhar com a diversidade de livros de qualidade existente no mercado editorial. Os motivos são diversos: primeiro, boa parte dos professores constitui-se de não leitores; segundo, o uso de um único livro na sala de aula (livro didático) é prática ainda muito disseminada em algumas escolas. Podemos pensar que o uso de um só livro evidencia o poder de controle do professor sobre o ato de ler, já que ele é detentor do saber e será por ele que os alunos irão aprender.

Isto faz lembrar, de certa forma, a leitura em voz alta pelos sacerdotes, na Idade Média, já que eram eles que detinham o controle da sabedoria e transmitiam o conhecimento da época, principalmente bíblico, para o povo. A pluralidade e a livre escolha de livros eram consideradas um perigo, uma ameaça à voz oficial. Num quadro de desprestígio da profissão docente, talvez alguns professores usem da prática do livro único como uma das maneiras de se afirmarem como detentores do saber, controladores do conhecimento, ou seja, sujeitos que detêm um certo poder em relação a outros.

Talvez fosse fundamental, na leitura em voz alta de literatura, que o educador apresentasse ao aluno uma diversidade de livros que pudessem ser lidos, tocados, deixados de lado e, principalmente, que se abrisse espaço para que o aluno pudesse escolher, desejar uma leitura que se fizesse para ele ou para o grupo. A diversidade dá oportunidade para que o aluno

através da vidraça da
Escola

possa se encontrar na sua múltipla subjetividade. O livro único pressupõe uma única criança. O que proponho é uma "bagunça organizada" durante a leitura em voz alta. Poder abrir um leque de opções/desejos é poder participar ativamente de sua própria construção como leitor.

> [...] geralmente uma biblioteca de aula não chega numerada, nem ordenada, e não se indica "este é o primeiro que tem de dar e este é o segundo." Isto evidentemente cheira a desordem, porque é ausência de ordem estabelecida, e tudo o que é percebido como desordem gera rejeição no âmbito escolar. A escola é um âmbito no qual as coisas devem ser ordenadas. Apresentadas uma por uma, e sabendo-se qual é a sequência a ser seguida. (FERREIRO, 2001, p.109)

Outra questão, sempre importante quando falamos da leitura em voz alta, é pensarmos no ambiente que criamos para tal fim. Na escola em que ministrei aulas, quando começava a contar e, depois, a ler histórias para os alunos, os deixava o mais à vontade possível; podiam sentar-se no chão, encostar a cabeça na carteira, o que fosse mais confortável para a escuta das histórias.

Ao imaginarmos o que nos fascinava nas histórias, quando nossos pais as contavam, entre os inúmeros elementos que podemos elencar, um deles é, sem dúvida, a íntima informalidade daquele momento.

> Ora, este prazer está bem próximo. Fácil de reencontrar. Basta não deixar os anos passarem. Basta esperar o cair da noite, abrir de novo a porta de seu quarto, nos sentarmos à sua cabeceira e retomarmos nossa leitura em comum. Ler. Em voz alta. Gratuitamente. Suas histórias preferidas. (PENNAC, 1995, p.56)

Que diferença há, podemos pensar, entre um professor lendo um livro sentado atrás de sua mesa, longe dos alunos, e um outro que se aproxima, senta perto deles, abre uma roda e anda por ela lendo o seu livro preferido? O professor deveria buscar um elemento de engate com o passado do narrador, aquele que compartilhava sua experiência e sabedoria. Abrir uma roda, ou semicírculo, sentar no chão, é dizer para o grupo de alunos que, naquele momento, não há uma hierarquia entre eles. Os rótulos vêm à tona, quando aquele que se senta na frente é o "estudioso", o de trás o "bagunceiro"; mas, em um círculo, todos são iguais e diferentes ao mesmo tempo, e é assim que as histórias deveriam ser ouvidas.

Este desarranjo no ambiente escolar, frequentemente, é compreendido pelos alunos e não há necessidade de um temor de "anarquia" da classe. Assim que termina a história, arrumamos novamente o ambiente; mas o desarranjo permanece e frutifica no imaginário dos alunos.

Essas condições propiciam, para alguns ouvintes, um relaxamento muito grande. As histórias têm essa característica de embalar o nosso corpo ao ritmo das palavras proferidas pelos leitores em voz alta. Na vivência de contador e leitor de histórias, tive inúmeras experiências de crianças, adolescentes e alguns adultos que dormiram durante as narrativas contadas ou lidas. Num dos projetos de que participei, alguns adolescentes que havia formado para ler histórias em voz alta numa creche, me disseram, em uma supervisão: "Estamos super chateados, fomos ler para uma turma de 4 anos e, depois de algum tempo, todos estavam dormindo." Dei parabéns à turma de jovens leitores, que não entenderam a minha reação, até explicar que o relaxamento e o adormecer poderiam ser um sinal de que as histórias estavam muito boas de se ouvir.

através da vidraça da
Escola

Do período de dois anos seguidos em que trabalhei numa livraria, na Avenida Paulista, em São Paulo, recordo o caso de uma mãe que aparecia toda semana com seu filho de dois anos para ouvir as histórias. Na metade da "contação", o menino dormia, ficava feliz ao ver aquilo e dizia a mim mesmo: *"hoje estive muito bem."*

> [...] Topete e Botas adormeceu, a cabeça entre os braços cruzados. Um sono honesto, de respiração regular. Não, não o acordem, nada melhor que um bom sono depois da cantiga de ninar, esse é mesmo o primeiro dos prazeres na ordem da leitura. Ele se tornou pequenino, Topete e Botas, todo confiante... e não cresce nem um pouco quando, soando a hora, diz num grito de voz forte e emocionada: - Merda, eu dormi! E o que foi que aconteceu na casa da mãe Gaillard? (PENNAC, 1995, p.110)

Alguns dos impasses descritos neste capítulo revelam, em geral, uma ruptura profunda entre o desejo do aprendiz e o desejo da instituição educativa.

O destino em nossos olhos

Eu acho que o saber é uma coisa muito ótima. Eu sinto muito que sou um cego da vista limpa. Eu estimava que os meus filhos enxergassem a mais do que eu.[24]

Omar da Conceição

[24] Relato de um agricultor do Maranhão ao Jornal Nacional do dia 09.09.2002

Um diagnóstico mais geral do mundo da aquisição da prática da leitura nos espaços educativos revela-se dramático. A forma com que se apresenta esse mundo à criança e, principalmente, ao jovem, está totalmente, como já disse, na direção oposta à de criar um vínculo prazeroso com a literatura.

A escola estaria "estrangulando" as palavras. Mais importante é a gramática, a sintaxe, o resumo – os prazeres do texto não fazem parte da proposta pedagógica. Talvez haja uma razão para isso, uma vez que o prazer da leitura de um texto não pode ser avaliado, é coisa subjetiva. Será que os espaços educativos querem ver o "subjetivo" aflorando? O que significaria ter alunos ávidos por livros literários? Ameaçaria a uniformidade que, muitas vezes, se procura em tais instituições, com o predomínio do livro didático?

Acredito que, possivelmente, muitos dos espaços educativos não aprenderam a dar esta chave aos seus alunos. Num mundo globalizado, considera-se mais importante do que dar a chave descrevê-la com perfeição, em sua constituição química, funções e finalidades. A informação é mais relevante do que a experimentação. O discurso dessas instituições, em sua maioria, é paradoxal. A justificativa que se costuma dar para o desinteresse pela leitura: "Os alunos atuais são avessos aos livros, querem só saber de televisão, computador, *videogame*", não procede. Ela pode ser consequência da própria proposta pedagógica em relação ao texto literário. A escola não está se perguntando como é realizada a apresentação do livro ao seu aluno e de como isso estrutura a relação futura com a cultura escrita.

Uma pesquisa realizada informalmente por uma bibliotecária de escola particular da elite paulistana revela o grau do problema que estamos enfrentando. A bibliotecária queria saber dos usuá-

através da vidraça da
Escola

rios da biblioteca qual o motivo que os levava a frequentar o local. Na própria formulação das perguntas, a bibliotecária não colocou como alternativa fechada a busca de livros por parte dos alunos. Nos resultados a que tive acesso, a busca de livros era citada por poucos alunos como o motivo de sua frequência à biblioteca. E, quanto maior a série a que o sujeito pertencia, mais as respostas se afastavam do uso do livro e se aproximavam do uso do computador, da leitura de histórias em quadrinhos, da pesquisa escolar.

O que podemos pensar, brevemente, é que saber decodificar, ser alfabetizado, não significa, num primeiro momento, ter a "chave do mundo." Ler os signos gráficos é um passo importante, mas não se pode parar por aí. Deveríamos prosseguir num caminho pelo qual saberíamos interpretá-los, criticá-los, reescrevê-los; porém, parece que não se tem muito interesse em criar indivíduos com esse perfil. O discurso que ouvimos nas escolas, que se contrapõe a esses argumentos, é o seguinte: "E a aprendizagem? O conhecimento? E o vestibular?"

Novamente, a escola se torna contraditória em seu discurso e prática. Não gera um prazer pela escrita, pela palavra, depois quer exigir do aluno um "gosto pela leitura". A aprendizagem está estritamente ligada à formação de um vínculo prazeroso com a cultura escrita. Poder brincar com as palavras, desde muito cedo e para sempre, cria uma nova relação com o conhecimento. Sem imaginação não há aprendizagem.

> "[...] Perguntado pela mãe de um menino com facilidade para os números sobre como podia ajudá-lo a ser um grande matemático, Einstein respondeu: Leia para ele sobre os grandes mitos do passado. Estimule sua imaginação." (Katherine Paterson, 1994).

Se o discurso da escola retorna: – "Fantasia demais afasta da realidade" –, Gianni Rodari, em *A Gramática da Fantasia* (1973, p.99), tem uma boa resposta a essa afirmação: "[...] Não se trata, portanto, de encorajar na criança uma fantasia vazia (admito que possam existir fantasias vazias, sem indicação de nenhum conteúdo), mas de dar-lhe uma mão para que possa imaginar o próprio destino."

Lendo em voz alta na educação

Em uma das muitas vezes em que estava lendo histórias infantis para crianças das mais diferentes idades, alguns educadores se aproximaram, ao final do encontro, e perguntaram: "Aquela palavra que você leu não é muito difícil para a criança entender?" Argumentei que se não falasse essas palavras "difíceis" nunca a criança as iria escutar e, mais tarde, compreendê-las. O bebê recém-nascido só aprende a falar porque a mãe não para de se comunicar com ele. Se a mãe analisasse friamente a situação diria o seguinte: "Para que estou cantando, brincando, conversando com o meu bebê, se ele não entende nada?" No entanto, a intuição, o amor, a sabedoria materna fazem com que não pare de cantar, brincar e conversar com seu filho. É isto o que prepara o sujeito para entrar no mundo da linguagem humana. "É, então, no meio do ruído das vozes que o cercam, que tudo começa para o filhote do homem." (BIARNÉS, 1998, p.140)

Escutar a leitura de um livro é um dos meios mais importantes que as crianças têm para adquirir um rico vocabulário. No início

através da vidraça da
Escola

do trabalho com a leitura em voz alta, a equipe em que trabalhava tinha formado adolescentes de um colégio particular da cidade de São Paulo para ler histórias em diferentes instituições espalhadas pela cidade. Acompanhamos uma turma daqueles adolescentes numa creche na Freguesia do Ó. A proposta era simples: ir até a creche e ficar lendo histórias às crianças, pois queríamos que elas pudessem brincar com os livros e com as histórias, tendo, assim, acesso a essa riqueza cultural presente na literatura infantil.

Notamos que, no primeiro mês, as crianças de dois a três anos, quando viam qualquer animal numa ilustração de livro, diziam: "Olha a barata!". Sem discriminações, podemos aqui pensar em algumas hipóteses para tal fato, mas o que nos pareceu ser a causa daquele empobrecimento de repertórios verbais era a falta de contato com narrativas literárias. Depois de três meses, lendo para o mesmo grupo de crianças, percebeu-se uma rápida ampliação daquele repertório: os animais eram identificados e, como não podia deixar de ser, imitados. É importante ressaltar que esses jovens não fizeram nenhum trabalho específico para essa aquisição de novos repertórios verbais, apenas leram, brincaram e se divertiram com as crianças.

> Essa audição leva a criança a aumentar e a estruturar seu repertório de palavras e a desenvolver estruturas de frases e de textos, já que muitas palavras, certas estruturas sintáticas (orações adjetivas, voz passiva, inversão do sujeito e do verbo, etc.) e certas regras de coesão discursiva aparecem menos frequentemente na linguagem oral que na escrita. (MORAIS, 1996, p.172)

Em que ambiente uma criança pequena poderia escutar o seguinte: "O menino aprendeu a usar as palavras. Viu que podia fazer peraltagens com as palavras. E começou a fazer peraltagens." (BARROS, 1999, p.17); ou: "Vovó é uma vocação irresistível de avó. Vó Vivi é a vó do ano todo dia, toda hora." (ZIRALDO, 2002, p.16)

Nestes dois belos e emocionantes livros, de Manoel de Barros e de Ziraldo, encontramos um panteão de palavras e sonoridades novas. Poderíamos tomar alguns objetivos em busca dessas palavras novas com as crianças, no caso de já serem leitoras: buscar seu significado no dicionário, fazer uma pesquisa sobre os autores e listar todas as palavras novas que apareceram durante a leitura, para, logo depois, buscar seu significado. A lista de atividades seria grande, mas, em vez disso, talvez pudéssemos apenas ler a história às crianças.

> Uma só condição para se reconciliar com a leitura: não pedir nada em troca. Absolutamente nada. Não erguer nenhuma muralha fortificada de conhecimentos preliminares em torno do livro. Não fazer a menor pergunta. Não passar o menor dever. Não acrescentar uma só palavra àquelas das páginas lidas. Nada de julgamento de valor, nada de explicação de vocabulário, nada de análise de texto, nenhuma indicação biográfica... Proibir-se completamente "rodear o assunto". Leitura-presente. Ler e esperar. Não se força uma curiosidade, desperta-se. (PENNAC, 1995, p.121)

Além do aumento do repertório verbal, quando ouve histórias lidas por adultos entusiasmados na sua função, a criança começa a descobrir as especificidades e as funções da língua escrita. Ela per-

através da vidraça da
Escola

cebe que o escrito do livro, vocalizado pelo adulto, é diferente da fala cotidiana. Já presenciei inúmeras cenas de crianças pequenas que, depois de pedirem, repetidas vezes, a leitura de um mesmo livro, começaram a memorizar trechos inteiros do texto lido e a recitá-los. A incorporação do texto pela criança carrega para dentro dela sua funcionalidade, sua sintaxe. A gramática viva é incorporada pelo pequeno leitor.

As crianças que ouvem muitas histórias lidas por adultos, conforme já visto em Bettelheim (1992) e outros, falam mais e melhor do que aquelas excluídas dessa audição. Quantas vezes já não vimos pais maravilhados com alguma frase de seus filhos pequenos? E eles se perguntam: "De onde eles tiraram isso?" Provavelmente, foram dos livros lidos em voz alta por algum adulto. Sem estudar a gramática, estamos vivenciando-a, ao lermos em voz alta livros de literatura às nossas crianças.

Outro benefício da leitura em voz alta é o fato de que essa ação pode prestigiar a literatura. Numa sociedade na qual o superficial, a televisão, as imagens "clipomaníacas" são dominantes no nosso cotidiano, o professor que lê em voz alta livros de qualidade para seus alunos está mostrando que existem outras construções humanas de qualidade indiscutível e que também podem nos divertir, distrair, emocionar, tanto ou mais do que a empobrecida cultura de massa que se apresenta à nossa sociedade.

Nas últimas décadas, o mundo tornou-se mais egoísta; grande parte do pensamento moderno colocou o indivíduo num papel central e solitário na sua comunidade. O modelo de que tudo é competição foi incorporado por crianças e adultos, o importante é "vencer, vencer, e vencer." O outro é um adversário, não um companheiro.

Na cidade, olhamos o mar de carros e vemos que, apesar de poderem transportar várias pessoas, há, no entanto, apenas um solitário motorista, cavaleiro armado que se digladia, diariamente, com seus oponentes. A criança talvez esteja, mais do que nunca, solitária.

Praticando o ato de escutar

> *A "leitura em voz alta" é partilhável. Ela comunica a emoção e, através desta, o gosto de ler. Não sabe ler aquele que não faz amar o livro. É, portanto, uma atividade formativa. É por isso que o professor deve fazer dela sua prática cotidiana; sua paixão de ler deve conduzir a criança ao prazer do texto.*
>
> Ferdinand Buisson

Quando lemos em voz alta retomamos a experiência do compartilhar, lemos para um grupo de crianças e elas, no decorrer da leitura, podem se sentir fazendo parte de uma unidade. Quantas vezes já presenciei grupos inteiros de ouvintes se encostando e se "protegendo" das histórias de terror que eu estava lendo? Os grupos que ouvem histórias juntos, possivelmente, saem mais unidos, mais cúmplices uns dos outros.

Nesses tempos de rapidez, nos quais tudo se transforma constantemente, o homem começou a perder uma das capacidades mais

através da vidraça da
Escola

importantes para viver e aprender em sociedade: a capacidade de escutar. Não há mais tempo para ouvir o outro, só a nossa voz é importante, e é ela, exclusivamente, que nos guia pelos caminhos da vida. Ledo engano! O escutar o outro permite compartilhar experiência, aprender a evitar alguns perigos, a tomar alguns atalhos. A criança ouve atentamente as histórias e delas tira seus próprios aprendizados; sabe que essa atenta escuta a faz sentir-se bem.

Aqui, temos um ponto bastante importante a ser discutido. Acredito que, no momento da leitura em voz alta, o grupo de crianças ouvintes não necessita direcionar o olhar para o professor. A atenção às histórias passa pelo ouvido e não pelos olhos. Quando queremos os olhares atentos das crianças, o que estamos desejando tem a ver com um efeito narcísico; possivelmente o professor quer ter a certeza de sua competência e se ilude acreditando que o olhar das crianças proporciona esta confirmação.

Mas nada garante que o olhar de um aluno esteja com o professor. Quantas e quantas vezes, como alunos da escola, da graduação e da pós-graduação, estávamos com os olhos no professor, até mexíamos a cabeça afirmativamente para o docente "acreditar" que estávamos prestando atenção, quando, na verdade, estávamos pensando em qualquer coisa totalmente alheia ao que ele estava falando? Todos vivem esta situação, diariamente. A direção do olhar não garante a atenção ao que o outro está falando.

A voz lida das histórias percorre 360°. Entra pelos ouvidos e pode alcançar distâncias que, às vezes, nem desconfiamos. Numa das leituras em voz alta que fiz a um grupo de crianças da favela Paraisópolis, na cidade de São Paulo, uma menina, sem motivo aparente, disse: "Não quero saber de histórias hoje!", e foi se enfiar embaixo de uma mesa a uns dois metros de distância de onde eu estava. Comecei a ler para um grupo de quatro crianças e, de vez em quando, olhava para a menina debaixo da mesa, deitada de bruços, cabeça abaixada. Quando terminei de ler o quinto livro e fui me despedir, a menina se aproximou e pediu-me para continuar lendo, já que ela havia gostado de todas as histórias que eu tinha contado.

> Uma criança reflete e escuta melhor quanto menos olha a pessoa que está falando. E esse é um dado muito importante. Assim, quando os professores (professoras) primários querem que as crianças olhem para eles, perdem 50% de sua atenção. Para nós, adultos, é o contrário; gostamos de olhar a pessoa com quem estamos falando. Quanto à criança, se ela está com as mãos ocupadas com alguma coisa, se está folheando um livro, uma revista ou história em quadrinhos, ou se está brincando de alguma coisa, esse é o momento em que ela escuta, que escuta fantasticamente, tudo o que se passa à sua volta. Ela escuta de 'verdade' e memoriza. (DOLTO, 1999, p.11)

Pudemos observar as inúmeras vantagens da leitura em voz alta na educação. Vimos que não basta abrir um livro e lê-lo, temos de ir além, temos de fazer um esforço para desconstruir algumas concepções e incorporar novas possibilidades de trabalho.

Mas, afinal de contas, o que vamos ler às crianças, aos jovens e adultos distanciados das leituras e dos livros, para aproximá-los do mundo da literatura? As questões que abordarei no próximo capítulo são essenciais, já que buscam responder a essa indagação, além de constituírem o eixo de princípios com vistas a uma aproximação entre leitura e educação.

Literatura infantil: vozes de ontem, hoje e amanhã

> A Literatura Infantil é, antes de tudo, literatura; ou melhor, é arte: fenômeno de criatividade que representa o mundo, o homem, a vida, através da palavra. Funde os sonhos e a vida prática, o imaginário e o real, os ideais e sua possível/impossível realização...
>
> Nelly Novaes Coelho[26]

[26] COELHO. 2000, p. 9

através da vidraça da
Escola

Um educador no caminho do leitor

Como contador de histórias orais, percebo a necessidade de abastecer constantemente meu repertório de narrativas. A "mina de ouro", a fonte destas narrativas está na literatura dita infantil, que me abriu, ou melhor, escancarou-me um portão pelo qual pude "bisbilhotar" e registrar inúmeras e surpreendentes narrativas.

Quanto mais leio livros infantis, mais me impressiono com sua força, poesia, sofisticada simplicidade, imagens e poder criador de novas palavras para velhos sentimentos. E, com o passar dos anos, fui compartilhando essa paixão pelos livros infantis com outras pessoas, crianças, jovens, adultos e velhos. Nesse caminho, percebi o quanto esse objeto fascinava os outros, não interessava idade, classe social, grau de instrução, etc. A prática da leitura em voz alta desses livros, num ambiente acolhedor, imbuída das posturas de ouvir o desejo do outro e de total gratuidade, fazia os ouvintes aproximarem-se desses livros, quererem levá-los para casa, comprá-los e lê-los para alguém.

Acredito que a prática da leitura em voz alta de livros infantis pode contribuir, e muito, para o estreitamento do vínculo entre os homens e a literatura. Talvez o desejo pela letra contida no livro venha a nascer, primeiramente, da voz de quem lê um livro infantil. É claro que, neste ponto, estou propondo uma atuação com um público que não teve acesso a esse tipo de literatura de qualidade, seja ele infantil, juvenil ou adulto. O que constato, diariamente, é o assombro de alguns educadores ao se depararem com o interesse por parte de jovens que "detestam" ler. Quando conhecemos o que lhes é proposto, entendemos um pouco a razão da rejeição.

Como podemos pedir a leitura de Eça de Queiroz, José de Alencar, Lima Barreto, Raul Pompeia, entre outros, se esses jovens nem tiveram a oportunidade (fato que constatei em incontáveis conversas com eles), de ouvir e ler histórias de literatura infantil de qualidade? Para se tornar um leitor, o sujeito talvez tenha que passar por um processo gradual de contato com os livros, descobrindo que este objeto chamado "livro" contém, dentro de sua materialidade, palavras que ordenam e ressignificam, constantemente, nossas vidas. Ele teria que descobrir que podemos nos divertir, brincar com as palavras; mas como vai descobrir isso?

Jean-Paul Sartre (2000, p.54) relata, no seu livro de memórias, como foi o seu contato com os livros infantis. Antes de eles aparecerem em sua vida, o menino prodígio já era um leitor de livros adultos. Mas a mãe de Sartre observou que aquelas leituras não estavam fazendo bem ao seu filho, ele estava muito introspectivo e com um ar "pesado" no corpo. "Minha mãe pôs-se a procurar obras que me devolvessem a infância [...] Devo a estas caixas mágicas – e não às frases de Chateaubriand – meus primeiros encontros com a Beleza."

Tal situação não é vivida por grande parte dos alunos da atualidade. Reitero a importância da leitura desses livros infantis, principalmente àqueles que não tiveram essa oportunidade. "Dessas revistas e desses livros extraí minha fantasmagoria mais íntima: o otimismo." (SARTRE, 2000, p.56)

O educador deveria dar essa oportunidade de descoberta ao seu aluno, mas isso só seria conquistado, possivelmente, se ele, professor, lesse, em voz alta, obras de literatura aos seus alunos, em total gratuidade. Primeiro, o aluno descobriria o "ouro", depois, iria constatar que, para encontrar outras pedras preciosas é necessário

através da vidraça da
Escola

"cavar", fazer um esforço que será recompensado, no final, com o "brilho" das palavras. "No encontro com a literatura, os homens têm a oportunidade de ampliar, transformar ou enriquecer sua própria experiência de vida, em grau e intensidade não igualada por nenhuma outra atividade." (COELHO, 2000, p.29)

O que vem acontecendo é que uma picareta é dada ao jovem com o comando: "Vamos! Cave! Força! Você encontrará algo precioso!" Porém, o jovem não faz ideia do que seja esse brilho, então não percebe a razão de tanto esforço. Se a nossa missão é mostrar o quão reluzente é a literatura, é preciso, primeiro, brincar com ela.

A partir da experiência intensa de leitura em voz alta com a literatura infantil, seria importante discutir os motivos que me levaram à afirmação de que o uso e a leitura desses livros favorecem a formação de leitores.

Infância e literatura infantil: raízes

Muitos estudiosos têm afirmado que só se pode falar de literatura infantil a partir do século XVII, período da reorganização do ensino e do estabelecimento do sistema educacional burguês. Durante o reinado de Luís XIV, na França, é que se começará a ter uma preocupação com uma produção literária voltada para crianças e jovens: *Fábulas de La Fontaine* (1668) e *Os contos da mãe Gansa* de Charles Perrault (1696), entre outros, foram considerados os livros pioneiros do mundo literário infantil.

Porém, essa literatura que vem de fontes orais, ou dos textos da antiguidade clássica, e que valorizam a fantasia e a imaginação, têm uma finalidade clara por trás de seu uso:

> Conhecendo-se esse panorama e como nasceu essa literatura infantil, descobre-se a seriedade e os altos objetivos que nortearam a construção de cada um dos seus títulos. Não há nada, nessa produção, que seja gratuito ou tenha surgido como puro entretenimento sem importância, como muitos veem a literatura infantil em geral. (NOVAES, 1991, p.76)

As intenções nessas manifestações literárias orientam-se por um propósito didático, moralizante. Educar é preciso. O livro era o melhor instrumento para essa tarefa. A criança teria de ser preparada para o mundo via texto literário, teria de conhecer o modelo adulto de comportamento. Essa visão da literatura inserida na escola perdura até os dias de hoje. A produção literária, principalmente a infantil, mesmo com muitos avanços, ainda reflete a origem desse processo, ou seja, livro bom é aquele que educa.

Essa noção de que a literatura infantil teve suas raízes, nesse processo de escolarização da Europa, no século XVII, contrapõe-se a de outros estudos que vão aproximar os contos de tradição popular da criação literária dirigida às crianças. E, como diz Ricardo Azevedo[27], autor e ilustrador de dezenas de livros infantis e estudioso da cultura popular, se considerarmos a literatura infantil como herdeira dessa pretensão de "educar" as crianças, o conteúdo didático e conservador do texto seria aceito como o elemento estrutural desse tipo de literatura. Mas, se olharmos atentamente a literatura infantil, perceberemos no seu texto os fortes indícios da oralidade ligada ao passado.

[27] Artigos do site: www.ricardoazevedo.com.br

através da vidraça da
Escola

Sob este olhar, a literatura infantil se tornaria mais rica, humana e complexa do que simplesmente uma criação burguesa do século XVII. Poderíamos, então, falar de livro infantil, datado historicamente e relacionado ao surgimento do conceito infância e de literatura infantil "cuja origem se confunde com a idade oral do mito." (GÓES, 1991, p.17).

Quando nos referimos à literatura infantil, temos de nos perguntar de que receptor se trata. Sabemos que a noção de criança não foi sempre alusiva a uma fase de desenvolvimento bem delimitada, como nos dias de hoje. "Até por volta do século XII, a arte medieval desconhecia a infância ou não tentava representá-la. É difícil crer que essa ausência se devesse à incompetência ou à falta de habilidade. É mais provável que não houvesse lugar para a infância nesse mundo." (ARIÈS, 1981, p.50)

Philippe Ariès, no seu célebre *História Social da Criança e da Família*, nos relata como as crianças eram vistas pelos olhos dos adultos. É importante salientar, num primeiro momento, a precariedade da vida medieval, que resultava numa mortalidade infantil altíssima. Aqueles que sobreviviam à primeira infância já eram encaminhados ao ensino de uma profissão. A partir desse momento, as crianças eram inseridas no mundo dos "grandes" como "homens de tamanho reduzido." (ARIÈS, 1981, p.51).

O aprendizado desses "miniadultos" dava-se, principalmente, na prática de um ofício e na convivência social, convivência esta fundamental na vida medieval. Nesse período, a criança participava ativamente da vida social dos adultos, que não a excluíam de nenhum assunto. Ela compartilhava das brincadeiras, sofrimentos, festas, preocupações, situações de morte, da sexualidade, entre outros. A comunidade estava, sempre, toda junta, independentemente da idade de seus membros. Isto também valia para um dos seus momentos mais importantes: a reunião para ouvir os narradores orais. Não havia censura para as histórias, os contos falavam sobre bruxas, duendes, fadas, reis e rainhas, tesouros, castelos, intriga, morte.

Crianças e adultos dessa época não ouviam tais histórias pensando que eram apenas narrativas de entretenimento. Sua visão de mundo estava baseada no sobrenatural, na existência do divino e do demônio; a queima das "bruxas" é um exemplo disso. Ouvir aquelas narrativas era entrar em contato com esse mundo medieval, com suas vozes particulares, mas é claro que, nas histórias, o mundo se mostrava melhor do que na realidade, o que trazia alento e esperança aos ouvintes.

Com o passar da História, a criança começa a ganhar um novo *status*, apartada da vida adulta; portanto, agora ela necessita de elementos novos para a sua maturação. O que servia simultaneamente para adultos e crianças já não serve mais. Porém, quando nos referimos às narrativas orais, isso não prevalece. Um exemplo disso aconteceu numa livraria, na Avenida Paulista, onde, durante dois anos seguidos contava histórias todos os sábados. No início das apresentações, apareciam grupos pequenos de crianças de idades diversas e, enquanto lhes contava as narrativas populares, alguns adultos que lá estavam para comprar livros, circulavam por perto do local.

Vez ou outra, eu erguia a cabeça para olhar esses adultos e, assim que nossos olhares se encontravam, eles fingiam estar lendo seus livros. Achava aquilo engraçado, como se o adulto não pudesse gostar de ouvir histórias. Mas, passados alguns meses, foi ocorrendo algo interessante: o número de adultos que vinham ouvir histórias aumentava a cada semana. No auge desse processo, houve um

através da vidraça da
Escola

sábado em que havia por volta de 80 adultos e 6 crianças assistindo à "contação" de história. Uma lembrança especial, desses dois anos, é a de uma mãe de 80 anos com sua filha de 50, que começaram a frequentar a livraria todos os sábados.

Os adultos mostravam-se encantados com as histórias. Emoção, riso, susto e, de vez em quando, esses adultos brigavam com algumas crianças que falavam mais alto durante a apresentação. Podemos pensar que os adultos não estavam ouvindo racionalmente as histórias: "Puxa, essas histórias são boas para os meus filhos, para os meus alunos." Não, eles ouviam como as crianças ouvem. Essa constatação faz parte de anos de observação como contador de histórias: adultos, jovens e crianças, juntos, aproveitam de modo similar uma "contação" de histórias.

Na teoria de Freud, as marcas da infância são consideradas indeléveis. A partir de sua introjeção pela criança, são carregadas pelo resto de nossa vida adulta. Ou seja, adultos possuem, dentro do seu aparelho psíquico – ainda que reprimidos – resquícios, bem vivos e atuantes, de vivências e desejos infantis. Uma dessas marcas que Freud identificou é o desejo e a necessidade de brincar:

> Así, pues, el individuo en crecimiento cesa de jugar; renuncia aparentemente al placer que extraía del juego. Pero quiénes conocen la vida anímica del hombre saben muy bien que nada es tan difícil como la renuncia a un placer saboreado una vez. En realidad, no podemos renunciar a nada, no hacemos más que cambiar unas cosas por otras; lo que parece ser una renuncia es, en realidad, una sustitución o una subrogación. Así tambien, cuando el hombre que deja de ser niño cesa de jugar, no hace más que prescindir de todo apoyo en objeto reales, y en lugar de jugar, fantasea. Hace castillos en el aire [...] (FREUD, 1981, p.1344)

Também Ricardo Azevedo, em seus artigos, explicita essa constatação, dizendo que não existe uma distinção tão clara do mundo da criança e do adulto, em alguns aspectos. Entretanto, é evidente que os adultos têm um maior amadurecimento fisiológico, sexual, costumam ser independentes, tendem a ter um pensamento mais abstrato; contudo, a criança e o adulto sentem dores físicas, medo, ciúmes, raiva, ambos necessitam de alguma forma de afeto, são mortais, fazem perguntas sobre a vida, sonham, gostam de brincar e de jogar. Há muitos outros pontos em comum, e são eles que fazem quase todos gostarem das narrativas tradicionais, pois nelas estão contidas todas essas características constituintes dos seres humanos.

Performance oral
e a literatura infantil

> *O gosto de contar é idêntico ao de escrever – e os primeiros narradores são os antepassados anônimos de todos os escritores.*
>
> Cecília Meireles[28]

A adaptabilidade às circunstâncias é fundamental para um contador de histórias. Ele precisa cativar sua plateia e, para tanto, uti-

[28] MEIRELES, 1984.

através da vidraça da
Escola

lizará recursos que o levem a tal fim, como palavras familiares, repetições "encantatórias" e repertórios que sejam identificados com situações corriqueiras.

Zumthor (2001, p.83) identificou algumas características marcantes na performance do narrador oral: "[...] alguns dos caracteres próprios de qualquer expressão oral, sua adaptabilidade às circunstâncias, contrapartida da imprecisão nocional; sua teatralidade, mas também sua tendência à concisão tanto quanto à reiteração [...]"

A teatralidade é peça fundamental para a *performance* do contador de histórias.

> Para o intérprete, a arte poética consiste em assumir essa instantaneidade, em integrá-la na forma de seu discurso. Donde a necessidade de uma eloquência particular, de uma fluência de dicção e de frase, de um poder de sugestão, de uma predominância geral dos ritmos. O ouvinte segue o fio, e nenhuma volta é possível: a mensagem deve chegar (qualquer que seja o efeito buscado) imediatamente. (ZUMTHOR, 2001, p.165)

A concisão também é fator preponderante para a transmissão de uma narrativa. Uma história muito longa não consegue prender a atenção do ouvinte. Nela devem ser mais frequentes as orações coordenadas do que as subordinadas, os discursos mais diretos do que os indiretos, ação e descrição bem dosadas, dando mais "gás" à ação.

> O aspecto performancial segundo o qual se constitui o texto impõe necessariamente (mesmo que de modo parcial e ao preço de um conflito com as exigências da escritura) estratégias expressivas geralmente consideradas próprias das culturas da oralidade primária: mais aditivas

do que subordinativas; mais agregativas do que lógicas; conservadoras; agonísticas; mais totalizantes do que analíticas; mais participativas do que operando por distanciamento; mais situacionais do que abstratas. (ZUMTHOR, 2001, p.191)

Essas características da *performance*, entre outras, parece que se deslocaram para o texto escrito no decorrer dos séculos. O homem que falava e prendia a atenção do seu público, ao se tornar escritor de seu texto, quis provocar o mesmo efeito em seus leitores. Vemos nas antigas práticas literárias essas marcas deixadas pela oralidade.

É o caso do conto contado por Sancho para Dom Quixote no capítulo XX da primeira parte do romance. Sancho conta aumentando as retomadas, as repetições, as relativas, as incisas; ele interrompe frequentemente sua história com referências à situação em que se encontra junto com Dom Quixote. (CHARTIER, 1997, p.70)

Como pudemos ver, essas marcas deixadas nos textos tinham o intuito de prender o leitor, assim como o narrador oral queria prender o seu público. Esses textos mais antigos pressupunham um leitor social, que compartilharia a narrativa com outros em voz alta. A narrativa escrita também apresentava uma adaptação às circunstâncias, uma concisão e uma teatralidade, eco da voz do narrador.

Numerosas obras antigas, começando pelas maiores, como Dom Quixote, estão organizadas em capítulos curtos perfeitamente adaptados às necessidades da *"performance"* oral que supõe uma duração limitada para não cansar o auditório e a impossibilidade de os ouvintes memo-

através da vidraça da
Escola

rizarem uma intriga excessivamente complexa. [...] O recorte do texto em unidades menores, a multiplicação de episódios autônomos, a simplificação da intriga são também indícios desta adaptação da obra a uma modalidade essencial à sua transmissão. (CHARTIER, 1997, p.70)

Sobre o livro de Perrault (considerado, por alguns autores, como marco do surgimento da literatura infantil no ocidente), não podemos deixar de ressaltar que seu texto surgiu a partir da coleta de histórias populares orais. Perrault, e tantos outros que começaram a escrever para crianças, levaram, consciente ou inconscientemente, essas marcas, esses indícios de oralidade para dentro de seus textos. O conteúdo vinha dos contos populares, que, por sinal, eram herdeiros dos primeiros mitos; portanto, quando esses escritores se propuseram a educar com essas narrativas, o que fizeram, possivelmente, foi abrir uma porta gigantesca para a imaginação infantil. Talvez por isso, Rousseau, em seu _Emílio ou da Educação_, tenha condenado este tipo de leitura para seu aluno, até os doze anos:

Transijamos, senhor La Fontaine. Prometo, de minha parte, que vos lerei com discernimento, que vos amarei, que me instruirei com vossas fábulas, pois espero não me enganar sobre seu objeto; mas, quanto ao meu aluno, permiti que não o deixe estudar nenhuma de vossas fábulas, até que me houverdes provado que é bom para ele aprender coisas de que não compreenderá um quarto, e que, naquelas que puder compreender, nunca se enganará e não imitará o malandro em lugar de se corrigir com o pateta. (ROUSSEAU, 1999, p.127)

Controle. É isso que Rousseau talvez quisesse. O conhecimento teria de passar pelo crivo do professor. Intuitivamente, podemos imaginar, ele sentiu a ameaça libertária desse tipo de literatura para as crianças que o lessem. O interessante é que o próprio Rousseau recorda, nas suas *Confissões*, a alegria que sentia, aos cinco ou seis anos, ao ouvir histórias do seu pai.

> O grande crítico da literatura, o homem que proíbe os livros (salvo Robinson Crusoé), a Emílio, o homem que denuncia a literatura como ficção, acaba adquirindo consciência de si mesmo lendo [...] E aí, no espaço imaginário dos livros entre os heróis gregos e romanos, formou-se uma parte do caráter de Rousseau, esse espírito livre e indômito, orgulhoso e rebelde, que tantos problemas lhe daria mais tarde. (LARROSA, 2000, p.38)

A força da cultura popular, contida nos primeiros livros considerados de literatura infantil, foi, quiçá, passando despercebida, para o bem das crianças, pela mão de escritores que tinham intenção de moralizar, edificar, educar as crianças leitoras. Essas obras infantis primeiras, e muitas outras que vieram depois, até os dias de hoje, apresentam textos concisos, palavras familiares, repetições, ditados, gírias, plasticidade no seu texto e, principalmente, trazem dentro do seu corpo literário todas as inquietações, sonhos, desejos, frustrações e questionamentos que estavam e estão presentes no conto popular oral.

Talvez este raciocínio nos leve a uma hipótese interessante. Se a literatura infantil é herdeira do conto popular e este tinha, por essência, um "texto" para ser dito em voz alta, compartilhado em uma escuta social e coletiva, e não destinado a um "ouvinte" solitário e silencioso, poderíamos concluir que a leitura da literatura infantil traria dentro dela a necessidade de sua vocalização e de um compartilhamento social.

As idades do leitor

> O gênero "literatura infantil" tem, a meu ver, existência duvidosa. Haverá música infantil? Pintura infantil? A partir de que ponto uma obra literária deixa de constituir alimento para o espírito da criança ou do jovem e se dirige ao espírito adulto? Qual o bom livro para crianças, que não seja lido com interesse pelo homem feito?
>
> Carlos Drummond de Andrade[29]

Existiu sempre, durante a história da educação, uma produção exclusiva dirigida à escola. Aliás, atualmente, em nosso país, é grande a participação da indústria editorial nesse nicho do mercado. Mas os livros didáticos são feitos levando-se em conta a divisão de crianças em faixas etárias de aprendizagem, nos conteúdos de determinadas matérias, na gradação crescente das dificuldades. Podemos nos utilizar desse mesmo método quando falamos de lite-

[29] ANDRADE, 1944.

ratura infantil? Evidentemente que não. Se levantamos a possibilidade de que a literatura infantil seja herdeira dos contos populares, de que ela venha a possibilitar uma abertura para a ressignificação diária do que somos, sejamos adultos ou crianças, a escolha de que faixa etária seria conveniente para tal ou qual livro deveria ser feita pelo próprio leitor.

Muitas vezes, nos cursos em que trabalhei com esses livros infantis, os professores começam sempre a encaixar as obras nas faixas etárias, não percebendo que, adultos, eles mesmos se encantaram e se emocionaram com as leituras que fizemos. "Em essência, sua natureza é a mesma da que se destina aos adultos. As diferenças que a singularizam são determinadas pela natureza do seu leitor/ receptor: a criança." (NOVAES, 2000, p.29)

As editoras que publicam os livros didáticos e de literatura, usam as faixas etárias como estratégia mercadológica, dividem crianças em faixas etárias para poder atingir melhor seu objetivo. Elas segmentam para poderem atingir a todos. Mas sempre digo aos professores que quem escolhe o livro em sua adequação ao leitor não é a editora, nem o catálogo. Quem escolhe é o professor e o aluno e, nesse campo, as surpresas são muitas. "[...] tudo é uma literatura só. A dificuldade está em delimitar o que se considera como especialmente do âmbito infantil. São as crianças, na verdade, que o delimitam com sua preferência [...] Não haveria, pois, uma literatura infantil *a priori*, mas *a posteriori*." (MEIRELES *apud* SOUZA, 1996, p.36)

Pude comprovar isso quando publiquei meu livro[30], fruto de contos criados no início da minha trajetória de contador de histórias. Quando o livro saiu, e a editora quis focar numa certa faixa etária, eu já dizia que as histórias eram para crianças de diversas

[30] BRENMAN, Ilan. O Pó do Crescimento e Outros Contos. Martins Fontes, 2001.

através da vidraça da
Escola

idades. Quando começaram as adoções escolares, fiquei muito feliz, já que esse processo comprovou tudo isso que vinha falando. O livro percorreu da 1a à 5a séries. Um amigo revelou-me ter levado o livro para um bar e, à noite, tomando algumas cervejas, leu as histórias para adultos que riram e se divertiram com elas.

Crianças de cinco, seis, sete anos, por exemplo, não estão, obrigatoriamente, na mesma fase. Crianças desfavorecidas, que lutam para sobreviver, geralmente, são mais maduras do que crianças da classe média, que vivem em condomínios fechados e assim por diante. Cada um tem uma história de vida, cada um se relaciona com o mundo de uma forma bem própria e, portanto, cada um tem uma relação diferente com a literatura, independentemente da idade. É claro que nisso tudo entra o bom senso, não vamos ler *O Primo Basílio* para uma criança de quatro anos. Mas, sem sombra de dúvida, podemos ler, para um adulto, um livro indicado para crianças de 4 anos.

A favor dessa perspectiva, o jornal Folha de São Paulo, em sua edição do dia 02 de setembro de 2002, traz um artigo de um intelectual, Boris Fausto, com esta contribuição para as nossas reflexões:

> O pequeno livro de Drauzio Varella "Nas Ruas do Brás" (Companhia das Letrinhas), embora destinado a um público infantil, tem, entre outros méritos, o de ser uma atração também para os adultos. Ao ler o texto de um só fôlego, me lembrei de um trecho do "Marco Zero", de Oswald de Andrade [...] No fim da leitura, acabei verificando que o texto, na aparência tão límpido, contém um mistério, envolto numa confissão: como o dr. Varella, nascido no Brás, com ascendentes espanhóis e portugueses, contrariou as leis da genética e, desde criancinha, se tornou sãopaulino? (Folha de São Paulo, 02/09/2002, p. A2)

A questão da idade, porém, pode ser usada a favor do nosso intento de formar leitores. Dizer a uma criança: "Este livro não é pra sua idade!", pode ser um grande fator motivador. O proibido é mais gostoso. Já ouvi muitos relatos de adultos contando o quão bom tinha sido ler um livro censurado ou proibido para sua idade. Lendo a Folha de São Paulo de 22 de agosto de 2002, encontrei um exemplo do que estou falando: "Conselho questiona livro em escola: Obra de escritor Charles Bukowsky é considerada pornográfica." (Folha de São Paulo, 22/08/2002, p. C5)

A matéria relata a indignação de um pai de aluno do ensino médio de uma escola pública do interior de São Paulo, com a compra, por parte do Estado, do título do autor referido. Mas quais parâmetros esse pai usou para definir o que é pornográfico? Jorge Amado também seria pornográfico? E *As Mil e uma Noites*? E as novelas da TV? E a música funk do "Tigrão"? O que esse pai não sabe é que, possivelmente, prestou um belo serviço ao objetivo de formar leitores. A curiosidade que essa obra deve ter despertado entre os alunos de muitas escolas que viveram a polêmica deve ter sido imensa.

O fator idade, como vimos, é muito relativo quando falamos de literatura. José Mindlin, bibliófilo muito conhecido, contou numa palestra que, quando tinha 60 anos, foi arguido por uma jornalista sobre o que estava lendo: *Os Três Mosqueteiros*, de Dumas, ele respondeu. A jornalista, contou Mindlin, ficou estupefata. Como um grande leitor, sofisticado, culto, estava lendo uma "literatura de entretenimento" que deveria ser lida na juventude? Mindlin disse que não havia idade para ler tal ou qual livro e que a leitura de *Os Três Mosqueteiros* foi uma das mais prazerosas de que ele se lembra da sua época de jovem.

através da vidraça da
Escola

Literatura infantil: gênero menor?

155

> _Muita gente pensa que escrever para a infância é das coisas mais fáceis. Que esses leitores são pouco exigentes; que não é preciso ter "estilo" (todo mundo tem o direito de pensar coisas absurdas) para escrever qualquer página que os satisfaça. E – o que é a maior enormidade – qualquer assuntozinho à toa se presta para um livro desse, destinado a quem não tem muitas preocupações fora do círculo da família e da escola._
>
> Cecília Meireles[31]

Outra questão que sempre acompanhou a literatura infantil é a de considerarem-na um gênero menor.

Isto é um livro para crianças. Um livro que qualquer homem pode ler sem achar mesquinho. Porque a infância, que anima até a morte o nosso coração, a infância que é o nosso sentido de existência, que é a nossa lembrança de filiação com a eternidade, não sente aqui a frieza artificial dos livros que limitam a vida em pequenos aspectos sem aquela capacidade de, em todos eles, deixar a sua forma integral que só integral satisfaz, como alimento humano." (MEIRELES, 2001: 139)

Como podemos ver, literatura infantil é coisa séria; não é por ser destinada à criança que se torna um produto com menos importân-

....

[31] MEIRELES, 1984.

cia. Brinco muito com os professores quando alguns dizem: "Esses livrinhos são muito bonitos. Vocês vão contar umas historinhas pra gente?" Digo, então, que estes não são "livrinhos", são "livrões", e as "historinhas" são, na verdade, "historionas". Podemos pensar que o que está por trás desses diminutivos seja uma concepção antiga de criança como um ser "inferior", que consome produtos "inferiores".

Seria importante definir, em linhas gerais, o que considero livro infantil de qualidade. Sim, porque é essencial, primordial, que se faça uso de literatura de qualidade quando pensamos em formar leitores. Nunca se publicaram tantos livros para crianças como nas últimas décadas, no Brasil. É um mercado bilionário, que se alimenta basicamente da venda de livros didáticos para o poder público. Tirando esses livros escolares, que representam 70% da produção, temos a seguinte distribuição dos outros livros, segundo a Câmara Brasileira do Livro (2000): 14 % são livros técnicos, 14% são de literatura infanto-juvenil e 2% de literatura adulta. "Em outras palavras, os números mostram que, se há alguém que não lê hoje entre nós, são os adultos. Boa hora para abrir um parênteses e lembrar: se os adultos não estão lendo, de onde podem vir a curiosidade e o exemplo para a leitura infantil?" (MACHADO, 2001, p.150)

Dentro desse universo de 14% dos livros infanto-juvenis, que é uma grande quantidade de livros, temos de tomar cuidado com o que estamos oferecendo às nossas crianças.

> Mais uma vez se recorda aqui a secura dos livros feitos com o simples intuito de venda fácil; livros que não provêm de nenhuma vocação, que não representam um sonho de comunicabilidade entre seus autores e os leitores a que se destinam; que se resumem num certo número de páginas impressas, lançadas à sorte, sem uma intenção mais alta, pairando sobre sua aventura [...] (MEIRELES, 2001, p.137)

através da vidraça da
Escola

Livro de baixa qualidade é o que não falta no mercado de literatura infantil: livros que imbecilizam e que subestimam a criança, que não expõem os conflitos presentes na nossa vida, mostrando apenas um lado "bom" do homem. Enfim, não verticalizando o texto, ou seja, não propondo uma abertura para novas ressignificações, ficam numa horizontalidade do "politicamente correto" que fecha a possibilidade da criação do novo. Boa literatura não é aquela que facilita propositadamente sua leitura, mas a que oferece e amplia os repertórios infantis. "Um bom vocabulário não se adquire com a leitura de livros escritos em conformidade com alguma ideia do que seja o vocabulário da faixa etária do leitor. Ele deriva da leitura de livros acima da sua capacidade." (TOLKIEN, 2002, p.21)

A literatura de qualidade faz o novo brotar. O novo a que me refiro é a possibilidade de a criança poder deixar suas marcas por onde passa, podendo nomear algo que ainda não foi nomeado, podendo deixar que sua voz seja ouvida e respeitada pelo outro. Os livros de literatura de qualidade são aqueles que possuem, entre outras coisas, "função poética":

> Tomando-se literário no sentido estrito que lhe dá Jakobson, isto, é, enquanto função poética (projeção do eixo da similaridade sobre o da contiguidade), assumir a dominante poética nos textos da literatura infantil é configurar um espaço onde equivalências e paralelismos dominam, regidos por um princípio de organização basicamente analógico, que opera por semelhança entre os elementos. Espaço no qual a linguagem informa, antes de tudo, sobre si mesma. Linguagem-coisa com carnadura concreta, desvencilhando-se dos desígnios utilitários de mero instrumental. (PALO; OLIVEIRA, 1998, p.11)

Os bons livros de literatura infanto-juvenil são também aqueles que tratam de temas universais, que nos tocam a todos, de maneiras diferenciadas, revelando nossos repertórios, vivências, lembranças e emoções.

Quando nos aprofundamos na questão estética e artística da obra literária, começamos a perceber, como já disse antes, que o gênero "literatura infantil", em si, é colocado em dúvida. E é por isso que algumas obras, mesmo não tendo sido escritas para crianças, tornaram-se leitura e divertimento de muitas delas.

> [...] os livros infantis devem ser artísticos. Precisamente porque os leitores são crianças, não se permite negligência ou vulgaridade. O livro infantil deve atender com muito cuidado às exigências estéticas na sua produção. O livro de qualidade agradará não só à criança como ao leitor adulto. (GÓES, 1991, p.24)

O livro infantil de qualidade, diferentemente do livro didático, "põe em crise qualquer previsibilidade de uso frente à alta taxa de imprevisibilidade da mensagem." (PALO; OLIVEIRA, 1998, p.14). Talvez por isso algumas escolas, mesmo fornecendo livros de qualidade aos seus alunos, os apresentem, consciente ou inconscientemente, de uma maneira tal que eles acabam se transformando em um meio utilitário-pedagógico, apartando, assim, a possibilidade de uma leitura livre de amarras e de interpretações.

> Por isso, a mera inclusão de textos tidos como bons e superiores entre os textos escolares não soluciona nenhuma das faces da crise da leitura. Pois a presença de um excelente texto num manual pode ficar sem a

através da vidraça da
Escola

contrapartida, qual seja, o texto tido como bom pode ser diluído pela perspectiva de leitura que a escola patrocina através das atividades com que ela circunda a leitura. (LAJOLO, 1994, p.45)

A questão do livro de qualidade deveria passar também por uma prática de leitura constante por parte dos educadores. Quanto mais livros infantis lemos, de todos os tipos, mais chances de percepção vamos adquirindo do que é bom e do que é ruim. Sempre digo aos professores que um dos bons critérios de escolha de um livro infantil é quando o adulto o lê e se sente capturado pela leitura. Se um livro infantil consegue enlaçar um adulto, é muito provável que isso ocorra também às crianças que tenham a oportunidade de conhecê-lo. Se, na leitura desse livro infantil, o adulto começar a pensar: "Este livro é meio chatinho, mas aborda um tema importante para as crianças da idade que eu trabalho...", é grande a chance de que esse livro seja "chatinho" mesmo.

[...] atingir esse leitorado (público consumidor?) infantil ou juvenil que a escola se incumbe de arregimentar [...] supõe, em primeira instância, atingir-nos a nós. A nós, a quem cabe a decisão sobre o que é melhor, mais adequado, mais desejável, mais indicado para este ou aquele contigente de jovens, acidental e circunstancialmente sob nossa influência e responsabilidade. (LAJOLO,1994, p. 37)

Além de o professor ser o principal responsável pela escolha do livro literário em sala de aula, é fundamental que ele tenha afinidade, empatia com o texto a ser lido. Não adianta ler um livro que achamos "horrível" só porque temos de trabalhar este ou aquele tema transversal. Aliás, a questão dos temas transversais, que estão nos novos parâmetros curriculares, fez vir à tona uma grande produção de livros feitos sob encomenda para tratar de temas como ambiente, ética, racismo, cidadania, entre outros. É uma infinidade de livros com textos "politicamente corretos", chatos de se ler e que mostram uma realidade totalmente idealizada.

Acredito que atingiremos os temas transversais, não mostrando um livro para uma criança no qual se diz: "Não seja preconceituoso! Trate bem os amiguinhos! Não mate as formigas e respeite a natureza!" Não funciona assim, se fosse desse jeito o mundo já seria muito melhor. A nossa missão, como educadores, é fazer com que as crianças entrem em contato com a literatura de qualidade, já que, nela, poderão (ou não: depende de suas opções) compreender que existem pessoas diferentes em um mundo impregnado de vida, morte, bondade, maldade, e que, se nos esforçarmos, poderemos nos transformar e, por conseguinte, transformar o mundo à nossa volta.

Literatura infantil: pensando em acervos

Quando falo da prática da leitura de livros infantis em voz alta, proponho que se abra um leque a uma diversidade de possíveis leituras. Quanto mais amplo for esse leque, mais opções de contato com diferentes culturas, diferentes estilos literários, diferentes

através da vidraça da
Escola

situações do cotidiano, vamos oferecer. Mas sempre permanece a pergunta por parte de educadores e pais: "Mas, então, o que vamos ler?" Num acervo de livros infantis para lermos em voz alta, deveria sempre haver poesia, contos populares, contos de fadas, álbuns ilustrados, clássicos infantis (vou falar disso, detalhadamente, mais à frente), entre outros. "A função primeira do livro infantil é a estético-formativa, a educação da sensibilidade, pois reúne a beleza da palavra e a beleza das imagens. O essencial é a qualidade de emoções e sua ligação verdadeira com a criança." (GÓES, 1991, p.22)

A poesia sempre foi relegada a um segundo plano quando falamos de livros infantis. Temos grandes escritores que escreveram poesias para crianças e, como diz Érico Veríssimo, na introdução do livro infantil *Pé de Pilão*, de Mário Quintana (2002, p.03): "*Pé de pilão* é um livro que ele escreveu para crianças de várias idades, mas que também pode – e deve! – ser lido por gente grande."

Poderíamos questionar a compreensão, por parte das crianças, de textos poéticos, mas a prática nos revela uma aproximação autêntica, familiar e prazerosa das crianças com as poesias de qualidade que lhes são ofertadas. A criança e os poetas têm muito em comum.

> As crianças gostam de poesias. Quando vão para a escola, diz Jacobs, são essencialmente poéticas. Movimentam-se. Os movimentos rítmicos tornam-se-lhes meios naturais de expressão. Encantam-se com o movimento e as qualidades rítmicas do mundo que as cerca. Identificam-se com o belo, com as múltiplas manifestações da natureza, numa perene descoberta da vida e dos seres. Como o poeta, a criança tem fina sensibilidade. Tem expressões e imagens originais para externar o que pensa e sente. (ARAUJO; CARVALHO, 1968, p.18)

Freud (1981, p.1343), no texto *O poeta e os sonhos diurnos*[32] estabelece uma relação entre o poeta e a criança. O pai da psicanálise indaga-se sobre a origem da alma poética e diz que, nem mesmo os poetas sabem responder a esta pergunta; o que sabem é que em cada "[...] homem há um poeta e só com o último homem morrerá o último poeta".

O jogo infantil, para Freud, seria a primeira expressão poética humana. Nele, a criança cria um mundo só seu, ou melhor, situa as coisas do seu mundo em uma nova ordem, gratificante para ela. O poeta faria algo semelhante ao criar o seu texto, como, por exemplo, transformando sentimentos desagradáveis em fontes de alívio e prazer. O adulto-poeta substituiu os jogos infantis pela escrita "brincante", sublimatória:

> Talvez seja esta a razão por que os poetas são felizes na evocação da infância. Sentem como a criança as pequenas cousas de crianças. É por isso também que elas se identificam com a poesia [...] Como o poeta, a criança confia em seus sentidos. Aprende pelos sentidos. Como o poeta, busca as qualidades sensíveis de tudo que a cerca. Sua interpretação do mundo e das cousas é também poética. (ARAUJO; CARVALHO,1968, p.19)

A poesia carrega em si o lúdico, o jogo, o ritmo e a sonoridade que as crianças reconhecem e identificam rapidamente, já que cantam, fazem adivinhas, versos e rimas em suas brincadeiras. Portanto, a poesia de qualidade deveria sempre estar presente num acervo para lermos em voz alta, às crianças.

Os contos populares e mitos de diversas origens são outra referência que não pode faltar num acervo. Encontramos, atualmen-

---

[32] Na fonte, em espanhol: "...en cada hombre hay un poeta y sólo con el último hombre morirá el último poeta" in: El poeta y los Sueños Diurnos (1908)

te, publicações muito bem escritas e ilustradas. Essas coletâneas procuram mostrar como, em diferentes locais, épocas e culturas, os homens pensam, sentem e se relacionam em sociedade e com a natureza. Enfim, buscam mostrar ao leitor outras visões de mundo, outras vozes, que dizem sobre o quê e quem somos.

Os contos de fadas constituem outro grupo de histórias que parecem pertencer à memória de toda a humanidade. Herdeiros dos primeiros contos orais, lidam com problemas humanos universais, colocando dilemas existenciais "[...] de forma breve e categórica. Isto permite à criança apreender o problema em sua forma mais essencial [...]" (BETTELHEIM, 1985, p.15).

Bettelheim, no seu célebre *A Psicanálise dos Contos de Fadas*, expõe os motivos que tornaram essas histórias as mais amadas e conhecidas pelas crianças no mundo inteiro. O que elas teriam de tão especial para permanecerem tanto tempo acordadas e requisitadas por multidões de crianças?

Os contos de fadas, para Bettelheim, teriam um valor inigualável, já que, para além da diversão, eles vão trabalhando aspectos inconscientes dos ouvintes, estruturando devaneios e projetando um porvir. Narcisismo, problemas psíquicos, dilemas edípicos, elaboração de lutos, rivalidades fraternas, entre outros tantos sentimentos e dificuldades, fazem parte da mente infantil. Crescer não é algo fácil, muito pelo contrário, desencadeia inúmeras pressões interiores, e é aí que os contos de fadas trabalham.

> Enquanto diverte a criança, o conto de fadas a esclarece sobre si mesma, e favorece o desenvolvimento de sua personalidade. Oferece significado em tantos níveis diferentes, e enriquece a existência da crian-

ça de tantos modos que nenhum livro pode fazer justiça à multidão e diversidade de contribuições que esses contos dão à vida da criança [...] as estórias de fadas representam, sob forma imaginativa, aquilo em que consiste o processo sadio de desenvolvimento humano [...] (BETTELHEIM, 1985, p.20)

O conto de fadas é alimento vital, principalmente, para as crianças pequenas. Sua prazerosa mastigação e ingestão facilitam a compreensão de certos valores básicos da conduta humana e das relações nelas estabelecidas. O bem e o mal polarizam-se numa luta pela sobrevivência dentro dessas histórias, a coragem do herói em passar os obstáculos para cumprir sua missão é mensagem de otimismo para os ouvintes: "A vida não é fácil, crescer é complicado, mas siga em frente porque vale a pena."

Muitas críticas já foram feitas a essas maravilhosas histórias: a de serem muito fantasiosas, muito violentas, dando péssimos exemplos de maldade, entre outras bobagens mais. Seguindo sua intuição, as crianças sabem que os contos de fadas são inventados, porém, também sabem que não são falsos, já que falam tão bem sobre sua vida interior. "[...] hoje, como no passado, a tarefa mais importante e também mais difícil na criação de uma criança é ajudá-la a encontrar significado na vida." (BETTELHEIM, 1985, p.11). E é por isso que não podem faltar no nosso acervo os contos de fadas.

Álbuns ilustrados são livros produzidos pelas editoras, focando, principalmente, crianças de 2 a 6 anos, mas, como já disse reiteradas vezes, os adultos se envolvem demais com esses livros. Seus textos concisos, repetições e ilustrações coloridas têm sido um dos principais instrumentos de primeiro contato de crianças, jovens e

através da vidraça da
Escola

de adultos não leitores com livros de literatura. Em meu trabalho, fui constatando, esses anos todos, a importância desses livros para a formação de um leitor futuro.

Podemos adentrar no mundo desses grandes autores durante a nossa infância através da voz de outros. Já maiores, quando nos depararmos com as obras monumentais que alguns deles escreveram, a nossa relação com eles será, provavelmente, mais íntima e familiar. O Tolstói de *Guerra e Paz*, o Voltaire de *Cândido*, a Clarice Lispector de *A Hora da Estrela*, o Graciliano Ramos de *Vidas Secas*, todos eles podem ser apresentados às crianças muito antes do que imaginamos.

Os clássicos também têm que ser presença sempre constante nas nossas leituras? Mas por quê?

> Os clássicos são livros que exercem uma influência particular quando se impõem como inesquecíveis e também quando se ocultam nas dobras da memória, mimetizando-se como inconsciente coletivo ou individual [...] Um clássico é um livro que nunca terminou de dizer aquilo que tinha para dizer. (CALVINO, 2001, p.11)

Ana Maria Machado, no seu livro *Como e por que ler os clássicos universais desde cedo*, escreve sobre a importância da leitura desses clássicos às crianças, mostrando como, na mente infantil, ainda pouco alimentada de letras, a memória e as marcas deixadas, consciente ou inconscientemente, pela leitura de clássicos, são profundas e duradouras.

Ela descreve como alguns escritores e pensadores foram marcados por esse tipo de leitura:

O poeta Carlos Drummond de Andrade fez mais de um poema relembrando seu deslumbramento ao descobrir outro clássico em cuja leitura mergulhava, o Robinson Crusoé. A romancista Clarice Lispector escreveu sobre a felicidade que lhe proporcionou a leitura de Reinações de Narizinho, um clássico brasileiro [...] O crítico francês Roland Barthes descobriu nas leituras adolescentes da mitologia grega um fascínio pelos argonautas e seu navio Argos, que o acompanhou por toda a vida – e esse mesmo mito do Velocino de Ouro exerceu seu magnetismo sobre o inglês William Morris e o argentino Jorge Luís Borges [...] (MACHADO, 2002, p.10)

Ana Maria Machado usa esses exemplos para demonstrar como as leituras dos clássicos marcaram seus leitores, desde cedo e pelo resto de suas vidas, contribuindo para a formação cultural e afetiva de quem os ouviu e leu.

Muitas pessoas podem estar se perguntando se não é muito cedo para introduzir clássicos na vida das crianças. É que nos esquecemos de que esses "clássicos", um dia, foram histórias contadas e cantadas "de boca" para multidões de diferentes faixas etárias, como é o caso da *Odisseia*, ou foram encenadas no meio de praças para um povo sedento por narrativas, como é o caso das peças de Shakespeare.

Outros livros só se tornaram clássicos depois que muitos leitores perceberam e divulgaram o impacto que suas leituras provocavam em si e em outros leitores. Um exemplo é *A Narrativa de Arthur Gordon Pym*, de Edgar Allan Poe, um clássico, sem dúvida. Esse livro foi prefaciado por ninguém menos que Dostoiévski, que já percebe em Poe um grande escritor e n'*A Narrativa...* um texto que se tornará clássico. O que quero dizer é que não se deve postergar uma aproximação com esses livros acreditando que só na maturidade os

através da vidraça da
Escola

167

leitores captarão seu sentido. Fazendo isso, pode ocorrer o inverso, e é o que realmente ocorre: os jovens não entendem, não sentem prazer, querem distância desses clássicos.

É claro que, quando formos ler alguns clássicos às crianças, poderemos fazer uso de adaptações bem escritas, que é o que não falta no nosso mercado. É sempre importante informar que o texto é uma adaptação e que se alguém se interessar pelo texto integral este lhe será oferecido ou lido. "Se o leitor travar conhecimento com um bom número de narrativas clássicas desde pequeno, esses eventuais encontros com nossos mestres da língua portuguesa terão boa probabilidade de vir a acontecer quase naturalmente depois, no final da adolescência." (MACHADO, 2002, p.13)

Percebo que as crianças e os jovens dos dias de hoje andam perdendo um repertório que os homens tinham em comum a partir da leitura desses clássicos:

> O crítico e ensaísta inglês George Steiner assinala que até meados do século XX, no pós-guerra, os leitores dos livros compartiam um acervo comum de referências, a partir da Bíblia, da literatura greco-romana, de obras orientais como as Mil e uma Noites, dos grandes clássicos medievais, renascentistas e modernos. Falar em justiça salomônica, presente de grego ou em paciência de Job evocava imediatamente uma história. Dizer que alguém era quixotesco ou pantagruélico era uma descrição perfeita, um "abre-te sésamo" para o personagem em questão – e essa expressão também era imediatamente compreendida. Qualquer escritor podia ter certeza de que, se por acaso se referisse a Catilina ou Adamastor, seus leitores saberiam do que se tratava. Havia um repertório clássico comum que permitia esse entendimento cúmplice. Transmitido desde a mais tenra infância. (MACHADO, 2001, p.142)

Poder usufruir dessa herança cultural com as crianças é fundamental para sua formação, como leitores e como membros da raça humana. Como diz Ítalo Calvino (2001, p.11): "Os clássicos são aqueles livros que chegam até nós trazendo consigo as marcas das leituras que precederam a nossa e atrás de si os traços que deixaram na cultura ou nas culturas que atravessaram (ou mais simplesmente na linguagem ou nos costumes)."

Os clássicos também abrem uma possibilidade de parada no tempo e no ritmo alucinado de vida em que vivemos. Tanto Calvino (2001), como Benjamim (1996), discorreram sobre esse tema dizendo da dificuldade de encontrar o tempo e o conforto necessário para a leitura dos clássicos num mundo abarrotado de informação e de imagens. Quando falo de crianças, esse tempo é o da leitura em voz alta, gratuita, que o educador pode oferecer aos seus alunos. É nesse espaço de encontro, com os livros e as vozes, que as crianças poderão constituir, na memória, um repertório de histórias, que ficarão por toda a vida nas suas lembranças.

Muitas vezes, as lembranças das histórias ouvidas serão vagas, mas a memória do momento em que elas foram lidas em voz alta pelos professores, esta sim, dificilmente será esquecida. É dessa reminiscência de vozes que talvez nasça o desejo do aluno em querer se aventurar solitariamente pelo mundo das narrativas contidas nos livros.

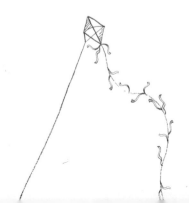

Considerações finais:

O rabo da arraia e Eros uma vez...

Delator:

– Homem, nada de sermões! Me dê asas!

Bom de Lábia:

– Agora, enquanto falo, estou lhe dando asas.

Delator:

– E como? / Dar Asas a alguém com palavras?

Bom de Lábia:

– Graças às palavras todos levantam voo.

Delator:

– Todos?

Bom de Lábia:

– Isso mesmo./ Graças às palavras a mente fica suspensa nos ares/ e o homem se eleva.

Aristófanes

através da vidraça da
Escola

O rabo da arraia

171

Machado de Assis, no seu *Conto de Escola*, retratou o clima vivido por alunos do século XIX, dentro da sala de aula. Passados mais de cem anos, muito do que "seu Pilar" sentia no contato com a escola, permanece dentro de muitos alunos do século XXI:

> Com franqueza, estava arrependido de ter vindo. Agora que ficava preso, ardia por andar lá fora, e recapitulava o campo e o morro, pensava nos outros meninos vadios, o Chico Telha, o Américo, o Carlos das Escadinhas, a fina flor do bairro e do gênero humano. Para cúmulo de desespero, vi através das vidraças da escola, no claro azul do céu, por cima do morro do Livramento, um papagaio de papel, alto e largo, preso de uma corda imensa, que bojava no ar, uma coisa soberba. E eu na escola, sentado, pernas unidas, com o livro de leitura e gramática nos joelhos. (ASSIS, 2002, p.9)

Ao ler essa passagem tão atual do conto do Machado de Assis, me vem à lembrança uma experiência, vivida em 1995, em que fiz uma pesquisa sobre as brincadeiras das crianças da unidade Sampaio Viana, da Febem de São Paulo, que abrigava, na época, centenas de meninos e meninas de 0 a 10 anos.

Esta unidade, que não existe mais, fora estabelecida num bairro nobre de São Paulo, em um grande terreno pertencente, no passado, a senhores do café. Por isso, o estilo da construção da casa principal datava dessa época dos cafezais. A "*Casa Grande*" (ou será "*Senzala*"?) abrigava, num estado deplorável, centenas de crianças.

Nesse panorama sombrio, triste e angustiante, tive a possibilidade de constatar como as crianças conseguiam, por um instinto de sobrevivência, olhar *através das vidraças* da instituição. Essa constatação deu-se na primeira visita para obter dados para a pesquisa citada.

Ao entrar na Sampaio Viana, no início da tarde, um silêncio absoluto reinava no ar. Na caminhada entre o portão de entrada e a sede da unidade, os pensamentos estavam no que eu iria encontrar dentro daquela "prisão" de desejos. De repente, esse silêncio foi quebrado e uma criança, de aproximadamente cinco anos, apareceu, como num passe de mágica, correndo em minha direção.

Focalizei o olhar e observei que a criança estava empinando um papagaio, feito de papel de caderno e linha de costura. Havia um sorriso estampado no seu rosto, um prazer transbordante nos seus olhos, que acompanhavam o voo do seu brinquedo caseiro.

A criança controlava o voo a seu bel-prazer; quando o papagaio subia muito ela o puxava para baixo. Dessa forma, podemos pensar, ultrapassava os limites físicos e imaginários daquela instituição. Naquele momento, dono do seu destino, o menino alçava voo juntamente com o seu brinquedo. Pareceu-me, que ele, talvez, tentasse vislumbrar uma outra possibilidade de futuro.

A escola, para muitos alunos, é sentida como uma prisão, mas, como os humanos são seres sonhadores por natureza, a prisão é atravessada por desejos implícitos e explícitos de voar. "A alegria na escola é vivenciada por poucos [...]" (SNYDERS, 1996, p.13). A nós, educadores, talvez coubesse a missão de mediar, através das nossas vozes, o encontro dos alunos com os "rabos de arraia", para que, assim, cada um tivesse oportunidade de experimentar a felicidade que é voar.

através da vidraça da
Escola

"Eros Uma Vez..."

A alegria a que me refiro não seria um estado de ânimo ingênuo, no qual fazemos o outro rir com nossas piadas e palhaçadas – é muito mais do que isso. Alcançar essa alegria demandaria um grande esforço por parte de todos os sujeitos envolvidos na educação.

O prazer de viver começa, desde sempre, ao tocar do sinal que anuncia o fim do "expediente" da escola. Este sentimento foi e é vivido por muitos alunos. Porém, ainda escuto alguns aprendizes falando: "Eu amo a aula de história que a minha professora me dá." Ouvi isto de uma adolescente de 15 anos.

O amor a que a adolescente se refere é o que buscamos dentro da sala de aula. Eros é o nome que os gregos inventaram para o deus do amor, e que Freud usou como sinônimo de pulsão de vida: "Assim Eros é concebido como o que tem por objetivo tornar a vida complexa reunindo a substância viva, estilhaçada em partículas, em unidades cada vez mais extensas e, naturalmente, conservá-las neste estado." (LAPLANCHE; PONTALIS, 1998, p.150).

Na escola Machadiana e de outros tantos escritores que lembraram e escreveram sobre a sala de aula, ela é permeada pelo que Freud chamou de pulsão de morte, que seria a tendência "[...] para a destruição das unidades vitais, para a igualização radical das tensões e para o retorno ao estado anorgânico que supõe ser o estado de repouso absoluto." (LAPLANCHE E PONTALIS, 1998, p.414). Quando lembramo-nos do silêncio sepulcral exigido na sala de aula, da uniformização dos alunos, do caráter mais passivo de aprendizado, estamos no campo de Tânatos.

As pulsões de vida remetem a um princípio de ligação. "A meta de Eros é instituir unidades cada vez maiores e, portanto, conservar; é a ligação." (LAPLANCHE E PONTALIS, 1998, p.415). A professora que a adolescente citou conseguiu esta ligação com sua aluna, provavelmente, num processo de "enamoramento", que requer um professor preparado, capacitado, sabedor de seu discurso e que deseje, verdadeiramente, compartilhar o aprendido com seus alunos.

Freud, num artigo de 1910, explicita qual seria a função da escola para seus alunos: "[...] há de infundirles el placer de vivir y ofrecerles apoyo [...]" (FREUD, 1981, p.1636). Presente e futuro: é disso que Freud está falando. A escola não tem que se preocupar somente com o futuro, "Sonhava para mim uma grande posição comercial, e tinha ânsia de me ver com os elementos mercantis, ler, escrever e contar, para me meter de caixeiro." (ASSIS, 2002, p.5). O presente requer também seu lugar dentro da sala de aula. O paraíso prometido aos alunos está sempre no "depois", a alegria será alcançada com a labuta árdua e chata do "agora". Resultado: escola, sinônimo de aborrecimento.

Como alcançaremos essa porção necessária de pulsão de vida dentro da escola? O professor é o sujeito dessa transmutação. Os alunos e ex-alunos que tiveram experiências com professores que trouxeram *"el placer de vivir"*, lembram-se deles como educadores que conseguiam criar verdadeiros vínculos, "[...] a voz do educador que comunica a emoção, o fervor, a exaltação própria às grandes obras." (SNYDERS, 1996, p.76)

Aqueles professores eram mais do que reprodutores de conteúdos, aliás, os conteúdos eram os meios para alcançar o verdadeiro fim: troca entre gerações e ampliação cultural. "Um professor declama poemas de Verlaine, e de maneira impecável: 'Era para uma vitória que sua voz nos transportava, vitória de uma beleza e de um mistério.'" (SNYDERS, 1996, p.76)

Opção. Era isso que aqueles professores davam aos seus alunos. Num templo de obrigatoriedades, a possibilidade de optar era escassa. Mas, para optar, tinham que entrar em contato com o conhecimento disponibilizado pelo educador. Queriam então ouvir, ler, contar histórias, para assim poder dizer do que gostavam ou não.

O gosto era despertado a partir do contato com a linguagem do professor, linguagem-viva cultural, aquela que desvela, traz o novo, o estranho, o antigo e, principalmente, o que possibilita um mergulho para dentro de si mesmo.

Acredito que o objeto literário é a ferramenta mais poderosa e saborosa, se bem utilizada, para o objetivo maior de educar. Mais do que nunca, precisamos ofertar um banquete literário para os nossos aprendizes.

Numa era de agitação contínua e fluxo ininterrupto de informação, somente o silêncio audível das palavras literárias é que poderá nos dar o equilíbrio necessário para o desafio do viver.

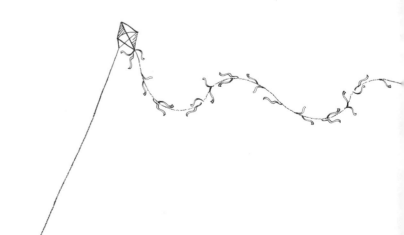

Referências bibliográficas

através da vidraça da
Escola

AGOSTINHO, Santo. *Confissões*; De Magistro - Do Mestre. São Paulo: Abril, 1973.

ALENCAR, José de. *Como e Porque Sou Romancista*. Salvador: Progresso, 1955.

ALPHEN, Pauline. *A Odalisca e o Elefante*. São Paulo: Companhia das Letras, 1998.

ANDRADE, Carlos Drummond de. *Confissões de Minas*. Rio de Janeiro: Americ edit, 1944.

_____. *A Palavra Mágica*. Rio de Janeiro: Record, 2000.

ARAUJO, Maria Ivone Atalecio; CARVALHO, Maria Vicentina. *Criança e Poesia*. São Paulo: Marambaia, 1968.

ARIÈS, Philippe. *História Social da Criança e da Família*. Rio de Janeiro: Ltc, 1981.

ARISTÓFANES. *As Aves*. Lisboa: Edições 70, 1989.

ASSIS, Machado de. *Contos, Uma Antologia*. São Paulo: Companhia das Letras, 2001.

_____. *Conto de escola*. São Paulo: Cosac Naify, 2002.

BAJARD, Élie. *Ler e Dizer*. Compreensão e comunicação do texto escrito. São Paulo: Cortez, 1999.

_____. *Caminhos da Aprendizagem*, Espaços de Aprendizagem. São Paulo: Cortez, 2002.

BAKHTIN, Mikhail. *Estética da Criação Verbal*. São Paulo: Martins Fontes, 2000.

BARTHES, Roland; COMPAGNON, Antoine. Leitura. In: ENCICLOPÉDIA Einaudi. Imprensa nacional – Casa da Moeda. 1987, p. 184 – 206.

_____. *O Rumor da Língua*. São Paulo: Brasiliense, 1988.

_____. *O Prazer do Texto*. São Paulo: Perspectiva, 1996.

_____. *O Grau Zero da Escrita*. São Paulo: Martins Fontes, 2000.

BARROS, Manoel de. *Exercícios de Ser Criança*. São Paulo: Salamandra, 1999.

BARZOTTO, Valdir Heitor (org.). *Estado de Leitura*. Campinas: Mercado de Letras, 1999.

BENJAMIN, Walter. O Narrador, Considerações sobre a Obra de Nicolai Leskov. In: *Magia e Técnica, Arte e Política*. São Paulo: Brasiliense, 1996.

_____. *Reflexões sobre a criança, o brinquedo e a educação*. São Paulo: Duas Cidades e Editora 34, 2002.

através da vidraça da
Escola

BETTELHEIM, Bruno. *A Psicanálise dos Contos de Fadas*. São Paulo: Paz e Terra, 1985.

_____. ZELAN, Karen. *Psicanálise da Alfabetização*. Porto Alegre: Artmed, 1992.

BIARNÉS, Jean. O ser e as letras: da voz à letra, um caminho que construímos todos. In: *Revista da Fac. Educ.* vol. 24. n. 2. São Paulo, 1998 p. 137-161.

BLOOM, Harold. *Como e Por que Ler*. Rio de Janeiro: Objetiva, 2001.

_____. *Contos e poemas para crianças extremamente inteligentes de todas as idades*. Rio de Janeiro: Objetiva, 2003.

BOJUNGA, Lygia. *Livro*. Rio de Janeiro: Agir, 1998.

BORGES, Jorge Luís. *As Mil e uma Noites*. In: Sete Noites. São Paulo: Max Limonad, 1980.

_____. *Esse Ofício do Verso*. São Paulo: Companhia das Letras, 2000.

CALVINO, Ítalo. *Fábulas Italianas*. São Paulo: Companhia das Letras, 1993.

_____. *Um General na Biblioteca*. São Paulo: Companhia das Letras, 2001.

_____. *Por Que Ler os Clássicos*. São Paulo: Companhia das Letras, 2001.

CAMPOS, Maria Inês Batista. *Ensinar o Prazer de Ler*. São Paulo: Olho Dágua, 1999.

CANDIDO, Antonio. *Vários Escritos*. São Paulo: Duas Cidades, 1995.

CASCUDO, Câmara. *Contos Tradicionais do Brasil*. Rio de Janeiro: Ediouro, 1997.

CASSIRER, Ernst. *Ensaio sobre o Homem*. São Paulo: Martins Fontes, 1994.

CAVALLO, Guglielmo; CHARTIER, Roger. *História da Leitura no Mundo Ocidental*. São Paulo: Ática, 1998. v.1 - 2.

CERVANTES, Miguel de. *Dom Quixote de La Mancha*. São Paulo: Abril, 1978.

CHARTIER, Roger. *Lectures et lecteurs de l'Ancien Régime*. Paris : Seuil, 1987.

_____(org.); BOURDIEU, Pierre ; BESSON, François et al. *Práticas da Leitura*. São Paulo: Estação Liberdade, 2001.

_____. *Cultura Escrita, Literatura e História*. Porto Alegre: Artes Médicas, 2001.

COELHO, Nelly Novaes. *Panorama Histórico da Literatura Infantil e Juvenil*. São Paulo: Ática, 1991.

_____. *Literatura Infantil*. São Paulo: Moderna, 2000.

COELHO, Teixeira. *O que é Cultura*. São Paulo: Brasiliense, 1989.

DARNTON, Robert, *O Beijo de Lamourette*. Mídia, Cultura e Revolução. São Paulo: Companhia das Letras, 1995.

DOLTO, Françoise. *Tudo é Linguagem*. São Paulo: Martins Fontes, 1999.

DOMENICO, De Masi; BETTO, Frei. *Diálogos Criativos*. São Paulo: Deleitura, 2002.

EAGLETON, Terry. *Teoria da Literatura*. São Paulo: Martins Fontes, 2001.

ECO, Umberto. *Apocalípticos e Integrados*. São Paulo: Editora Perspetiva, 1993.

ESTÈS, Clarissa Pinkola. *O Jardineiro que tinha fé,* uma fábula sobre o que não pode morrer nunca. Rio de Janeiro: Rocco, 1996.

_____. *O Dom da História*, Uma fábula sobre o que é suficiente. Rio de Janeiro: Rocco, 1998.

FERREIRA, Aurélio Buarque de Holanda. *Minidicionário da Língua Portuguesa*. Rio de Janeiro: Nova Fronteira, 1993.

FERREIRO, Emília. *Cultura Escrita e Educação*. Porto Alegre: Artes Médicas, 2001

_____. *Pasado y presente de los verbos leer y escribir*. Buenos Aires: Fondo de Cultura Econômica, 2001

FOUCAMBERT, Jean. *A Leitura em Questão*. Porto Alegre: Artes Médicas, 1994.

FREIRE, Paulo. *Pedagogia do Oprimido*. Rio de Janeiro: Paz e Terra, 1998.

FREUD, Sigmund. *El Poeta e los Sueños Diurnos*. In: Obras Completas. Madrid: Biblioteca Nueva, 1981, v.2

_____. *Contribuciones al Simposio sobre el Suicidio*. In: Obras Completas. Madrid: Biblioteca Nueva, 1981. v.2

GALEANO, Eduardo. As Palavras Andantes. Porto Alegre: L&PM, 1994.

GILLIG, Jean-Marie. *O Conto na Psicopedagogia*. Porto Alegre: Artes Médicas, 1999.

GNERRE, Maurizio. *Linguagem, Escrita e Poder*. São Paulo: Martins Fontes, 2001.

através da vidraça da
Escola

GÓES, Lúcia Pimentel. *Introdução à Literatura Infantil e Juvenil.* São Paulo: Pioneira, 1991.

GOMES, Purificacion Barcia. *O Método Terapêutico de Scherazade,* Mil e uma histórias de loucura, de desejo e cura. São Paulo: Iluminuras, 2000

HAVELOCK, A. Erick. *A Revolução da Escrita na Grécia e suas Consequências Culturais.* São Paulo: Unesp, 1994.

HOMERO. *Odisseia.* São Paulo: Cultrix, 1988.

HOOKER, J. T. *Lendo o Passado,* do Cuneiforme ao Alfabeto. A história da escrita antiga. São Paulo: Edusp e Melhoramentos,1996.

HUIZINGA, Johan. *Homo Ludens.* São Paulo: Perspectiva, 2000.

ISER, Wolfgang. *O Ato da Leitura.* São Paulo: 34, 1996.

JEAN, Georges. *A Escrita, Memória dos Homens.* Rio de Janeiro: Objetiva, 2002.

KADARÉ, Ismail. *Dossiê H.* São Paulo: Companhia das Letras, 2001.

LAJOLO, Marisa. *Literatura:* Leitores & Leitura. São Paulo: Moderna, 2001.

_____. *Do Mundo da Leitura para a Leitura do Mundo.* São Paulo: Ática, 1994.

LAPLANCHE, Jean; PONTALIS, Jean-Bertrand. *Vocabulário da Psicanálise*. São Paulo: Martins Fontes, 1998.

LARROSA, Jorge. *Pedagogia Profana*. Belo Horizonte: Autêntica, 2000.

LAVADO, Joaquim Salvador (Quino). *Toda Mafalda*, da Primeira à Última Tira. São Paulo: Martins Fontes, 1991.

LEVI-STRAUSS, Claude. *Mito e Significado*. Lisboa: edições 70, 1989.

LISPECTOR, Clarice. Felicidade Clandestina. In: MORICONI, Ítalo (org.). *Os Cem melhores contos brasileiros do século*. Rio de Janeiro: Objetiva, 2001, p. 312-314

MACHADO, Ana Maria. *Ponto a Ponto*. São Paulo: Berlendis & Vertecchia, 1998.

_____. *Texturas*, sobre Leituras e Escritos. Rio de Janeiro: Nova Fronteira, 2001.

MANGUEL, Alberto. *Uma História da Leitura*. São Paulo: Companhia das Letras, 1997.

_____. *No Bosque do Espelho*. São Paulo: Companhia das Letras, 2000.

MARCUSCHI, Luiz Antônio. *Da Fala para a Escrita*, atividades de retextualização. São Paulo: Cortez, 2001.

através da vidraça da
Escola

MARTINS, Maria Helena. *O que é Leitura*. São Paulo: Brasiliense, 1982.

MEIRELES, Cecília. *Problemas da Literatura Infantil*. Rio de Janeiro: Nova Fronteira, 1984.

_____. *Crônicas de Educação*. Rio de Janeiro: Nova Fronteira, 2001.

MELO, José Marques de. *Subdesenvolvimento, urbanização e comunicação*. Petrópolis: Vozes, 1976.

MORAIS, José. *A Arte de Ler*. São Paulo: Unesp, 1996.

OLSON, R. David; TORRANCE, Nancy. *Cultura Escrita e Oralidade*. São Paulo: Ática, 1997.

ONG, Walter. *Oralidade e Cultura escrita*. Campinas: Papirus, 1998.

OVÍDIO. *Metamorfoses*. São Paulo: Hedra, 2000.

PALO, J. M.; OLIVEIRA, D. R. M. *Literatura Infantil*, Voz de Criança. São Paulo: Editora Ática, 1998.

PARÂMETROS CURRICULARES NACIONAIS. Língua Portuguesa, Brasília, Ministério da Educação e do Desporto, 1997, p 15-95.

PENNAC, Daniel. *Como Um Romance*. Rio de Janeiro: Rocco, 1995.

PERROTTI, Edmir, *Confinamento Cultural, Infância e Leitura*. São Paulo: Summus, 1990.

PLATÃO. *Diálogos*. Rio de Janeiro: Editora Globo, 1971

POUND, Ezra. *Abc da Literatura*. São Paulo: Cultrix, 2001.

PRANDI, Reginaldo. *Os Príncipes do Destino*, histórias da mitologia afro-brasileira. São Paulo: Cosac Naify, 2001

PRIETO, Heloisa. *Quer Ouvir uma História?* São Paulo: Angra, 1999.

PROUST, Marcel. *Sobre a Leitura*. Campinas: Pontes, 1991.

RIBEIRO, Maria Luisa. *História da Educação Brasileira*. São Paulo: Cortez & Moraes, 1979.

RODARI, Gianni. *Gramática da Fantasia*. São Paulo: Summus, 1982.

ROMANELLI, Otaíza Oliveira. *História da Educação no Brasil*. Rio de Janeiro: Vozes, 1978.

ROSING, Tânia Mariza Kuchenbecker . *Da Violência ao Conto de Fadas*. Passo Fundo: Ediupf, 1999.

ROUSSEAU, Jean-Jacques. *Emílio ou da Educação*. São Paulo: Martins Fontes, 1999.

RUSHDIE, Salman. *Haroun e o Mar de Histórias*. São Paulo: Companhia Das Letras, 1998.

SARTRE, Jean-Paul. *As Palavras*. Rio de Janeiro: Nova Fronteira, 2000.

SCHAMI, Rafik. *Narradores de la Noche*. Madrid: Siruela, 1999.

SILVA, Ezequiel Teodoro da. *Elementos de Pedagogia da Leitura*. Martins Fontes, 1998.

_____. *Leitura na Escola e na Biblioteca*. Campinas: Papirus, 1998.

_____. *O Ato de Ler*, fundamentos psicológicos para uma nova pedagogia da leitura. São Paulo: Cortez, 2000.

SIMONSEN, Michele. *O Conto Popular*. São Paulo: Martins Fontes, 1987.

SMITH, Frank. *Leitura Significativa*. Porto Alegre: Artemed, 1999.

SNYDERS, Georges. *Alunos Felizes*, Reflexão sobre a alegria na escola a partir de textos literários. Rio de Janeiro: Paz e Terra, 1996.

SOUZA, Angela Leite. *Contos de Fada*: Grimm e a Literatura Oral Brasileira. Belo Horizonte: Lê, 1996.

SOUSA, Cynthia Pereira de. *História da Educação*, processos, práticas e saberes. São Paulo: Escrituras, 1998.

TOLKIEN, J.R.R. *Roverandom*. São Paulo: Martins Fontes, 2002.

VERÍSSIMO, Érico. In: QUINTANA, Mário. *Pé de Pilão*. São Paulo. Ática, 2002.

VERNANT, Jean-Pierre. *O Universo dos Deuses*. São Paulo: Companhia das Letras, 2000.

VIDAL-NAQUET, Pierre. *O Mundo de Homero*. São Paulo: Companhia das Letras, 2002.

WARNER, Marina. *Da Fera à Loira*, Sobre contos de fadas e seus narradores. São Paulo: Companhia das letras, 1999.

WELLEK e WARREN. *Teoria da Literatura*. Lisboa: Europa-América, 1971.

WINNICOTT, W. D. *O Brincar e a Realidade*. Rio de Janeiro: Imago, 1975.

ZILBERMAN, Regina. Sociedade e Democratização da Leitura. In: BARZOTTO, Valdir (Org.) *Estado da Leitura*. Campinas: Mercado de Letras, 1999.

_____. *A Formação da Leitura no Brasil*. São Paulo: Ática, 1999.

ZIRALDO. *Menina Nina*, São Paulo: Melhoramentos, 2002

ZUMTHOR, Paul. *Tradição e Esquecimento*. São Paulo: Hucitec, 1988.

_____. *Performance, réception, lecture*. Québec: Les Editions du Préambule, 1990, p. 81-95

_____. *Introdução à Poesia Oral*. São Paulo: Hucitec, 1997.

_____. *A Letra e a Voz*. São Paulo: Companhia das Letras, 2001.

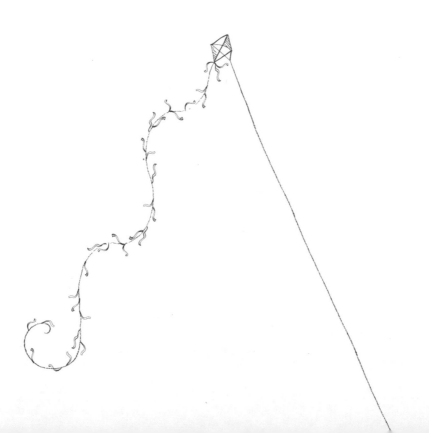